Hermann Wagener

Die Politik Friedrich Wilhelm IV.

Hermann Wagener

Die Politik Friedrich Wilhelm IV.

ISBN/EAN: 9783743686441

Hergestellt in Europa, USA, Kanada, Australien, Japan

Cover: Foto ©Suzi / pixelio.de

Weitere Bücher finden Sie auf **www.hansebooks.com**

Die

Politik Friedrich Wilhelm IV.

von

Hermann Wagener,

Wirklichem Geheimen Ober-Regierungs-Rathe.

Motto: Nicht die Helden, sondern die Märtyrer
sind es, welche den inneren Gedanken
der Weltgeschichte vorwärts bewegen.

R. Pohl,

Verlag und Antiquariat

Berlin SW., Wilhelmstrasse 122a.

1833.

Dem Andenken

meines

verewigten Gönners und Freundes, des Wirklichen Geheimen Raths

Freiherrn Senfft von Pilsach

auf Gramenz

in dankbarer Verehrung gewidmet.

Der Verfasser.

Die Politik Friedrich Wilhelm IV.

Wenngleich es als ein etwas gewagtes Unternehmen erscheinen mag, bald hinter der Publikation der Biographie Friedrich Wilhelm IV. aus der Feder Leopold v. Rankes uns mit einem ähnlichen Thema zu befassen, so ist doch die Aufgabe, welche wir uns gestellt, eine so wesentlich verschiedene, dass wir aus der tiefen Pietät und Dankbarkeit, die uns bewegt, den Muth schöpfen, das Lebensbild des entschlafenen Fürsten und die hohe Bedeutung der Person und des Wirkens des Dahingeschiedenen so, wie es uns vorschwebt, auch in Worte zu fassen und speciell die Nachwirkungen darzulegen, mit denen seine Regenten-Thätigkeit auch in die Gegenwart unmittelbar eingreift.

Es handelt sich hierbei nicht allein um den Zauber seiner Persönlichkeit, welchem sich Niemand, der das Glück hatte in seine Nähe zu kommen, zu entziehen vermochte, sondern noch mehr um den inneren Kern seines Wesens und Strebens, welchen ein englischer Schriftsteller dahin zusammenfasst: „Ein Mann von Genie und Bildung und, was seltener ist, von Lauterkeit des Characters und wahrer Frömmigkeit; ein Mann von einem edlen, reinen und durchsichtigen Wesen, fähig der Freundschaft, der Sympathie und der Herablassung und doch zugleich sich seiner Stellung so vollkommen bewusst, dass er alle Zudringlichkeit von sich fern hielt; dabei war er von scharfem Unterscheidungsvermögen, aber veränderlich und — vielleicht bis ins Fehlerhafte — eifrig, doch mit einigen treuen Rathgebern und einer klugen und frommen Gemahlin gesegnet."

Geboren am 15. October 1795, fiel die erste Jugend des Königs in die Zeit der tiefsten Erniedrigung Preussens, doch nahm er damit auch Theil an dessen politischer Erhebung, welche grade in Preussen, wie kaum in einem anderen Lande, auch eine religiöse war. Bereits am 24. Juli 1800 wurde die Erziehung des jugendlichen Kronprinzen auf die Empfehlung des Kanzlers Niemeyer dem Dr. Friedr. Dellbrück übertragen, von dem Niemeyer ganz in dem Sinne der damaligen Zeit versicherte, „er werde der Seele des Prinzen keine anderen Grundsätze einflössen, als die einer ächten Humanität, einer reinen Moral und einer praktischen Religiosität."

Schon nach Verlauf der ersten Monate schrieb Dellbrück an einen Freund, der Kronprinz werde sich, falls die Umstände seine Erziehung begünstigten, einst unter den deutschen Fürsten auszeichnen „durch Kraft des Wirkens, durch Gewissenhaftigkeit im Berufe, durch Edelsinn und Liebenswürdigkeit." Wenngleich indess die Fortschritte des jungen Prinzen in den gewöhnlichen Kenntnissen und Sprachen Nichts zu wünschen übrig liessen, so gab doch die Erziehungskunst des Dr. Dellbrück sonst zu mancherlei Bedenken Veranlassung und war es namentlich der Minister v. Stein, der hier die Initiative ergriff und eine Veränderung in der Erziehung forderte, „weil der Kronprinz in die Jahre trete, wo er für seinen besonderen Beruf vorbereitet werden müsse."

Der Minister Stein glaubte in dem Kronprinzen eine gewisse Zügellosigkeit des Willens zu erkennen, die in dem Alter, wo die Leidenschaften stärker hervortreten, von den nachtheiligsten Folgen werden könne. Er traute Dellbrück die Fähigkeit nicht zu, diesem Übel vorzubeugen. Auch vermisste er in ihm die lebendige Auffassung der Geschichte, namentlich des preussischen Hauses, und die Welt- und Menschenkenntniss, die dazu gehörten, dem Prinzen die militärische und politische Bildung zu verschaffen, die dessen

künftiger Beruf fordere. Sein Rath ging dahin, dem Prinzen einen
militärischen Obergouverneur und einen neuen Civilgouverneur, wozu
bereits Ancillon in Vorschlag gebracht war, zu geben.

Offenbar befand sich Stein hierbei im Einverständniss mit
der königlichen Mutter, wie dies eine Randbemerkung der hochseligen Königin Luise darthut. „Eine Erziehung," heisst es darin,
„die den Kronprinzen nur zu einem rechtschaffenen, religiösen,
moralisch guten Menschen macht, ist noch nicht genug. Er muss
richtige Kenntnisse des Landes haben, er muss deutliche Begriffe
der Politik haben, er muss ferner sich eine grosse Ansicht der
Dinge zu eigen machen, die ihn fähig macht, grosse Thaten zu
unternehmen und womöglich zu vollbringen: dieses liegt nicht in
Dellbrück. Um diese grossen Resultate herbeizuführen, muss
ernstlich der Stamm befestigt werden, auf den man diese Hoffnung
stützen darf. Der Kronprinz hat Verstand, hat Einbildungskraft,
hat Wissbegierde, aber diese Eigenschaften werden nach den
Ansichten kluger Männer nicht genug benutzt. Es muss daher ein
Mann kommen, der den Geist des Kronprinzen fasst, ergreift, sich
seiner bemächtigt, um ihm diese gewünschte Richtung zu geben."

Im März 1809 wurde alsdann in der Person des Generals
Diericke ein militärischer Obergouverneur des Kronprinzen ernannt
und auf dessen Empfehlung der Oberst Gaudy zum eigentlichen
Gouverneur bestellt, doch blieb daneben auch noch Dellbrück in
seinem Amt. Gaudy ging indess von der Ansicht aus, dass, nachdem für die wissenschaftliche Bildung ein solider Grund gelegt
worden sei, auf dem mit Zuversicht fortgebaut werden könne,
nunmehr die Zeit gekommen sei, wo des Prinzen weitere Bildung
für die grosse Welt, in welcher er einst aufzutreten bestimmt sei,
betrieben werden müsse, namentlich müsse er für den Soldatenstand erzogen werden, der einst vielleicht seine Aufmerksamkeit
ausschliesslich fesseln solle. „Wir nähern uns einem Zeitpunkte",
sagt Gaudy, „wo der kriegerische Geist mehr als jemals eine
Schutzwehr gegen Unterdrückung von aussen her bilden und wo er
nothwendig ganze Nationen ergreifen muss, wenn sie nicht zu
Grunde gehen wollen."

Da das Nebeneinanderwirken von Gaudy und Dellbrück sich nicht bewährte, so beantragte der General Diericke im April 1810 auf das Dringenste die Entlassung Dellbrücks. Derselbe glaubte — wie dies Leopold von Ranke nach authentischen Quellen referirt — in Dellbrück einen Mangel an feinem Gefühl wahrzunehmen, denn sonst würde er vor Augen gehabt haben, dass die Bestimmung des Kronprinzen „die eines kraft- und muthvollen, keine Arbeiten und Beschwerden, keine Anstrengungen und Gefahren scheuenden Regenten sei;" er hätte dann die Erziehung weniger ästhetisch und mehr militärisch eingerichtet; er hätte zeitig dem Prinzen die schwere Kunst sich selbst, seine Phantasie und Launen zu beherrschen gelehrt; der Prinz hätte in der schönen Tugend, sich mit einer vollkommen kindlichen Resignation dem Willen seiner erhabenen Eltern zu unterwerfen, geübt, zu einem pünktlichen Gehorsam und zu einer willigen Folgsamkeit angehalten werden müssen, die bei einer jeden Erziehung, selbst die eines Thronerben nicht ausgenommen, nothwendig sei." Dass Dellbrück nach dem herrschenden System der Erziehung, welches den Eigenwillen pflege, dem Kronprinzen zu viel nachgegeben habe, sei die allgemeine Ansicht des Publikums. Unter den Officieren meine man, Dellbrück flösse dem Kronprinzen Abneigung gegen den Soldatenstand ein oder begünstige doch, dass derselbe anderen Ständen den Vorzug vor dem militärischen gebe; selbst seine physische Erziehung sei nicht so geleitet worden, wie es für einen Prinzen angemessen wäre, der einmal nicht wie ein Künstler oder wie ein gewöhnlicher Privatmann leben, sondern sich an die Spitze der Heere stellen, Gefahren und Beschwerlichkeiten bestehen solle, zu denen ihn glücklicher Weise eine freigebige Natur mit den erforderlichen Kräften ausgestattet habe. Zugleich spricht der General — allerdings ohne Beweise dafür beizubringen — den Verdacht aus, Dellbrück stehe mit geheimen Gesellschaften in Verbindung, deren Emporkommen unvermeidlich zur Revolution führen werde.

Inzwischen hatten sich die Mängel, welche schon immer bei dem Kronprinzen hervorgetreten waren: Eigenwille, Unbotmässigkeit, Mangel an Rücksicht, in so hohem Grade entwickelt, dass

sie selbst die Königin, welche ihren Sohn als das Eigenthum und
das Kind des Staates betrachtete und verlangte, dass derselbe
demnächst Andere ebenso durch sein Verdienst wie durch seinen
Rang übertreffen solle, ernstlich besorgt machten. Ancillon sprach
sein Urtheil dahin aus, dass der Kronprinz alles das besitze, was
die Natur, Nichts aber von dem, was die Erziehung geben könne.
Es fehle ihm vor Allem an Selbstbeherrschung und müsse er
zunächst gehorchen lernen, damit er einst würdig sei, den Menschen
zu befehlen. Er müsse an ernste und anhaltende Arbeit gewöhnt
werden; die Gewohnheit müsse ihm Geschmack an der Arbeit
einflössen: er müsse von den Zerstreuungen des Hofes entfernt
werden oder selbst auf solche Verzicht leisten.

So wurde nach der Entlassung Dellbrücks, der in der
Erziehungskunst dem Princip des laissez faire und laissez aller
zu huldigen schien, Ancillon mit der Vollendung der Erziehung
betraut, doch wurde ihm im Jahre 1813, da Gaudy den gewünschten
Einfluss auf den Kronprinzen nicht zu gewinnen vermochte, ein
neuer militärischer Mentor beigegeben und zwar in der Person
des Majors v. Luck, den man als den geeigneten Mann betrachtete,
um seinem Zögling Liebe zur Armee und das rechte Verständniss
für militärische Aufgaben einzuflössen. In dessen Begleitung nahm
er auch an dem Befreiungskriege gegen Napoleon Theil und that
sich ebenso wie bei Gross-Görschen auch bei einem Vorposten-
gefecht in Frankreich durch besondere Unerschrockenheit hervor.
Man erzählt, dass, als ihm Luck bei dieser Gelegenheit in Erinnerung
gebracht, dass er als Kronprinz von Preussen sein Leben nicht
muthwillig in Gefahr bringen dürfe, der Prinz ihm geantwortet
habe: „Daran liegt nicht so viel; wenn mich eine Kugel trifft, so
wird mein Bruder Wilhelm Kronprinz." Nach der Rückkehr aus
Frankreich wurden dem Kronprinzen auch noch von Niebuhr einige
Vorlesungen gehalten*)

---

*) Wir haben bei Mittheilung dieser Details aus der Erziehung des Kron-
prinzen absichtlich etwas länger verweilt, weil aus den bei letzterer hervor-
getretenen Mängeln gewisse spätere Erscheinungen sich unschwer von selbst
erklären.

Nach Beendigung der Befreiungskriege wurde der Kronprinz alsbald zur politischen Mitarbeit herangezogen, 1819 in den Staatsrath berufen, und man versichert, dass das Edict vom 22. Mai 1815, welches eine neue ständische und repräsentative Verfassung verhiess, sowie das Edict vom 17. Januar 1820, welches die Berufung von Reichsständen in Aussicht stellte, nicht ohne seine Betheiligung und Einverständniss erschienen seien.

Am 20. November des Jahres 1823 erfolgte dann die Vermählung des Kronprinzen — und zwar auf Grund wahrer Herzensneigung — mit der Prinzessin Elisabeth von Baiern, welche stets der Stern seines Lebens geblieben ist und ihm namentlich auch die lange dunkle Leidensnacht erhellt hat. Die längere Reise nach Italien, die der Kronprinz im Jahre 1838 machte, wurde, abgesehen von ihren Beziehungen auf Kunst und Geschichte, für die Folgezeit auch dadurch von Bedeutung, dass sie denselben in nähere Beziehung zu Bunsen brachte und seiner kirchlichen Stellung eine besondere Richtung gab.

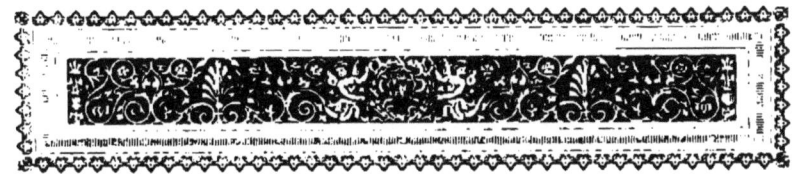

Als der vielgeprüfte König Friedrich Wilhelm III. im Juni 1840 aus der Unruhe der Zeit zur ewigen Ruhe eingegangen war, stand sein Nachfolger einer politischen Constellation gegenüber, die in der früheren Geschichte Preussens kaum ihres Gleichen hatte und nur zu sehr dazu angethan war, die ohnehin schwierige Stellung Friedrich Wilhelm IV. noch mehr zu erschweren. Wie auf Verabredung waren alle Parteien darüber einverstanden gewesen, die abgeschlossene Regierung in ihrer bisherigen Form zu belassen, die Ruhe des verewigten Königs, der so viel mit seinem Volke gelitten und geleistet, in Nichts zu stören und alle politischen Wünsche und Anträge bis zu dem Antritt der Regierung des Königs zu vertagen, den man als besonders geeignet und geneigt betrachtete, die Bedürfnisse der Gegenwart zu verstehen und zu befriedigen und für die mannigfachen Missstände, welche sich besonders in der letzten Zeit fühlbar gemacht, Abhilfe zu schaffen. Ausser Stande, die eigentlich grundlegenden Gedanken des Königs Friedrich Wilhelm IV. zu verstehen, verwechselten die damaligen Wortführer den gangbaren Liberalismus, welchen sie anstrebten, mit der ständischen Verfassung, welche der König ins Leben rufen wollte, sodass selbst der Oberpräsident v. Schön erklärte, „der König sei liberaler — soll wohl heissen weniger bureaukratisch — als er selbst."

Nicht mit Unrecht bemerkt der bereits citirte englische Schriftsteller hierzu, dass man von jener Seite absichtlich und bewusst den König über alle Massen gelobt und gefeiert habe, um ihn dadurch popularitätslüstern zu machen und auf falsche Wege zu leiten.

Da es nicht unsere Absicht ist hier nur das zu wiederholen, was man in jedem Geschichtsbuche findet, wir vielmehr den Zweck verfolgen, unsere Leser etwas hinter die Coulissen schauen zu lassen und über die grösstentheils so schief beurtheilten Bestrebungen des viel geschmähten Fürsten mehr Licht zu verbreiten, so glauben wir unseren Lesern gewisse bisher unbekannt gebliebene Details nicht vorenthalten zu dürfen.

Zu diesem Zwecke müssen wir vorweg bemerken, dass Nichts unrichtiger sein kann, als die seinerzeit mit besonderem Eifer verbreitete Behauptung, dass alsbald nach seiner Thronbesteigung die „Pietisten und Reactionäre" sich an Ihn herangedrängt und bemüht hätten, ausschliesslichen Einfluss auf Ihn zu gewinnen und denselben von der übrigen Bevölkerung gewissermassen zu isoliren. Uns liegen die unverdächtigsten Zeugnisse und Urkunden — deren Geheimhaltung leider eine Ehrenpflicht für uns ist — darüber vor, dass es sich umgekehrt verhält und dass beispielsweise grade diejenigen Personen, deren Einfluss man als einen unheilvollen zu bezeichnen gewohnt war — Graf Anton zu Stolberg-Wernigerode, Graf v. d. Gröben, Baron Senfft v. Pilsach-Gramenz — Ihm die entgegengesetzten Rathschläge ertheilt haben.

Was man Ihm von jener Seite empfahl, war: Eingehen auf die Verhältnisse und Interessen des Handelsstandes; Anerkennung der Verdienste der Beamten: Rücksicht auf die alten Diener Friedrich Wilhelms III; ausdrückliche Warnung, nicht den Adel auf Kosten des Verdienstes zu begünstigen; sich nicht mit Pietisten zu umgeben; nicht gewissen religiösen und politischen Liebhabereien Vorschub zu leisten: der Sparsamkeit seines Vaters zu folgen; die Überschüsse der Einnahmen weniger auf Kunstwerke und Bauten, als zur Förderung der materiellen Interessen des Landes zu verwenden; Aufmerksamkeit auf jedes Wort; nicht zu schneller Ministerwechsel; gründliche Prüfung aller Beschwerden; Heranziehung aller Klassen zum Staatsdienst und keinen anderen Massstab der Bevorzugung als die Verdienste um das Vaterland — das Vertrauen des Volkes ist der grösste Schatz des Königs, schreibt man Ihm — Vorsicht bei der Behandlung der Katholiken wegen des Gerüchts, dass der König zum Katholicismus neige; der Rath, ausgezeichnete Kaufleute öfter bei sich zu sehen; Sorge für die Landeskultur; Arbeit für die vielen tausend unbeschäftigten Hände; Sorge für die Armee; Beseitigung des Nepotismus und der Günstlings-Wirthschaft; Dringen auf consequenten, unweigerlichen Gehorsam.*)

Übrigens war der Blick des Königs scharf und klar genug, um sich nicht über die Schwierigkeiten Seiner Stellung zu täuschen, vielmehr sah derselbe von Hause aus recht trübe in die Zukunft und hatte dessen auch gegen die Ihm Näherstehenden kein Hehl.

Zunächst freilich trat die allgemeine Freude und Befriedigung in den Vordergrund. Da es der Konflikt mit dem römischen Stuhle in der Frage der gemischten Ehen und die aus den Unionsbestrebungen hervorgegangenen Differenzen im Schosse der evangelischen Kirche gewesen waren, welche die letzten Tage Friedrich Wilhelm III. getrübt hatten, so begann der König seine Regierung damit, dass er die Zwangsmassregeln gegen die Katholiken abstellte, den gefangenen Erzbischhof von Cöln, sowie den von Posen freigab und die protestantischen Dissidenten einer milden Behandlung unterwarf. Ebenso wurde den in Folge der Demagogen-Untersuchungen Verurtheilten eine allgemeine Amnestie gewährt.

Die hieraus resultirende Freude und Befriedigung fanden

---

*) Als der König sich einmal beklagte, dass es ihm so schwer gemacht werde seinen Befehlen Nachachtung zu verschaffen, während der leiseste Wunsch des Kaisers Nicolaus sofort zur Ausführung gelange, erwiederte ihm der General v. Gerlach in seiner drastischen Weise: „Ja Majestät, die Wünsche des Kaisers Nicolaus haben das Eigenthümliche, dass sie sich in den unteren Regionen zu Stockprügeln crystallisiren."

ihren prägnanten Ausdruck besonders bei den Huldigungen in
Königsberg und Berlin. „Bei uns" — sagte der König in Königsberg — „ist Einheit an Haupt und Gliedern, an Fürst und Volk,
Einheit des Bestrebens aller Bekenntnisse und aller Volksklassen
nach einem schönen Ziele, nach dem allgemeinen Wohle in
heiliger Treue und wahrer Ehre." Er vergleicht seinen Staat mit
„dem edlen Erze, das aus vielen Metallen zusammengeschmolzen,
nur ein einziges, edelstes ist, keinem anderen Roste unterworfen,
als allein dem verschönernden der Jahrhunderte." Noch höher
gingen die Wogen der Begeisterung in Berlin, wo die Deputirten
der verschiedenen Provinzen sich zum ersten Male kennen lernten.
Der König rief die Anwesenden nach den verschiedenen Standes-
Klassen zu der Erklärung auf, ob sie „mit Herz und Geist, mit Wort und
That und ganzem Streben, in der heiligen Treue des Deutschen, in
der noch heiligeren Liebe der Christen" ihm beizustehen entschlossen seien, um Preussen zu erhalten und noch weiter zu ent-
wickeln, damit es seine Stelle unter den grossen Mächten der
Welt würdig behaupte. Ein freudiges Ja tönte Ihm entgegegen.

Das persönliche Auftreten und die Reden des Königs bei
diesen Gelegenheiten hatten etwas Hinreissendes und Herz-
gewinnendes, und Ranke hat nicht Unrecht, wenn er in den Reden
Friedrich Wilhelm IV. überhaupt einen Anklang an die Psalmen
Davids zu finden meint.

Nichts lag jedoch dem König ferner als ein Einlenken in die
Wege des vulgären Liberalismus. Seine Absicht ging vielmehr
dahin, das alte preussische Königthum, welches bis dahin lediglich
durch eine bureaukratische Verwaltung repräsentirt wurde, mit
ständischen Institutionen zu umgeben und dadurch die verschiedenen
Provinzen, welche sich einigermassen fremd gegenübergestanden
hatten, staatsrechtlich zusammenzufassen und ein einheitliches
Preussen auf unerschütterlicher Grundlage zu errichten.

Da es uns wesentlich darauf ankommt, Selbsterlebtes und
Erfahrenes mitzutheilen, so müssen wir über die ersten Regierungs-
jahre des Königs etwas schneller hinweggehen, da wir erst im

Jahre 1844 in eine Vertrauensstellung zu dem damaligen Haus-
und Domänen-Minister, dem Grafen Anton zu Stolberg-Wernigerode,
und dem kürzlich entschlafenen Ober-Präsidenten von Pommern,
Freiherrn Senfft von Pilsach auf Gramenz, eintraten. Es waren
dies die beiden Personen, die sich des besonderen Vertrauens
S. M. des Hochseligen Königs erfreuten und dieses Vertrauen auch
in höchstem Masse verdienten, und die mich ihrerseits wieder mit
einem Vertrauen beehrten, welches bis zu ihrem Tode sich bewährt
und mir Gelegenheit gegeben hat, Dinge zu erfahren, welche ausser
mir, wie ich glaube, nur noch zwei Personen wissen.

Selbstverständlich begann der Hochselige König, den man mit
der Königin Elisabeth als „eine reine, gläubige, von dem edelsten
Durste nach Wahrheit erfüllte Seele" bezeichnen darf, Seine
Regierungsthätigkeit mit der Abschaffung der Missstände, welche
sich Ihm schon als Kronprinzen fühlbar gemacht hatten. Das
Erste, womit Er sich beschäftigte, war die Kirche und glauben wir
hier der Darstellung des Herrn v. Ranke widersprechen zu müssen.
Derselbe sagt hierüber: „Zunächst war es nicht unmittelbar die
Revolution, mit welcher Preussen in Conflict gerieth, ganz im
Gegentheil, es war die katholische Kirche, die an und für sich der
Revolution ebenfalls entgegengesetzt, doch alle Zeit ihr eigenes
Princip wahrte. Dieses aber stiess mit dem Interesse des preussischen
Staates so eben hart zusammen. Ihrer Natur nach suchte die
römische Kirche die Rheinlande in ungebrochener Unterwerfung
unter die Kurie zu halten; der preussische Hof und die preussische
Regierung hatten die natürliche Tendenz, die Verbindung dieser
Landschaften mit den übrigen Provinzen der Monarchie zu fördern.
Die Frage über die gemischten Ehen, welche den Kern dieser
Streitigkeiten bildete, führte zu einer Differenz zwischen dem
preussischen Staat und dem römischen Stuhl, die Schritt für Schritt
anwachsend einen offenen Bruch hervorrief, der die letzten Jahre
Friedrich Wilhelm III. trübte. Auch in der protestantischen Kirche
war aus den Unionsbestrebungen dieses Königs ein Hader der
Parteien entsprungen, der den inneren Frieden bedrohte. Diese
kirchlichen Entzweiungen beschäftigten beide Confessionen und

standen einander ungelöst gegenüber, als der Kronprinz den Thron bestieg.

Die kirchliche Auffassung des Königs war eine weitaus tiefere. Er wollte Nichts wissen von einer bureaukratischen Behandlung der Kirche, kraft deren man die Kirche als eine Unterabtheilung im Ministerium des Innern behandelte; Er wollte die Kirche erheben über den unfruchtbaren theologischen Zank der Schulen; Er war beseelt von einer heiligen Sehnsucht nach der Kirche der Apostel. Ich glaube — schreibt Er an einen seiner Vertrauten — dass es für die wahre ein e Kirche nur ein Erkennungszeichen giebt, nämlich die Taufe und die drei ökumenischen Symbole; dass wohl die Trennung in Kirchen, nicht aber die verschiedenen Bekenntnisse innerhalb der Kirche gegen Gottes Willen sind, sondern dass diese Diversität vielen Seelen den Weg des ewigen Lebens gewiesen hat. Ich strebe danach — sagt Er bei einer anderen Gelegenheit — meine kirchlichen Pflichten immer wärmer aufzufassen und zu verstehen und immer kühler auszusprechen.

Das bureaukratische Streben ging damals, wie heute, dahin, die Kirche zur Dienerin des Staats zu machen, wie sich dies in den letzten Regierungsjahren Friedrich Wilhelm III. am deutlichsten darin manifestirte, dass man die lutherische Separation weitaus rigoröser behandelte, als den Widerstand der Katholiken. Mit dem Regierungsantritt Friedrich Wilhelm IV. wurde deshalb auch nicht nur ein Abkommen mit der katholischen Kirche getroffen und die Zwangsmassregeln gegen die protestantischen Dissidenten gemildert, sondern es wurde auch die lutherische Separation durch die bekannte General-Concession schliesslich als eine berechtigte anerkannt.

Anlangend die sonstige innere Verwaltung, so war damals ein Staatsministerium in dem heutigen Sinne unbekannt, vielmehr wurde der Immediat-Vortrag durch die Kabinets-Minister und Kabinetsräthe vermittelt, sodass die übrigen Minister, mit alleiniger Ausnahme der Minister des Krieges und des Auswärtigen, nur selten mit der Majestät direct verkehrten. Es ging dies so weit, dass man glaubhaft erzählte: Friedrich Wilhelm III. sei eines Tages auf einem Spaziergange im Thiergarten dem Minister von Altenstein begegnet und habe, als Er von diesem sehr ehrerbietig gegrüsst wurde, den ihn begleitenden Adjutanten gefragt: Wer war der alte freundliche Herr? Natürlich war desshalb auch von einem politischen Systeme im Schosse des Staatsministeriums nicht die Rede, und pflegte der Hochselige König Sein Ministerium nicht selten mit einem Gespann zu vergleichen, von dem die eine Hälfte vor und die andere hinter den Wagen gespannt sei. Auf den Rath des Ministers von Schön, diesen Übelstand abzustellen, erwiderte Er nur: Glauben Sie, dass dies jemals anders gewesen ist oder anders werden wird?

Die beiden vertrauten Kabinets-Minister des Königs waren der ältere Bodelschwingh und der General von Thiele, welche Er scherzweise seine „Drachen" nannte, weil selbige zugleich den Staatsschatz verwalteten. Von diesen war der Erstere ein Musterbild des alten preussischen Beamtenthums, treu, gewissenhaft, ein selbstständiger Charakter, der Nichts kannte als den königlichen Dienst, wahrheitsliebend bis zur Schroffheit auch seinem Herrn gegenüber, freilich auch etwas nüchtern und prosaisch und dabei in seinem Auftreten überaus einfach und anspruchslos.*) Dagegen war der General von Thiele, der das Unglück gehabt hatte, als junger Offizier — wie man sagte einer Dame wegen — einen Freund im Duell zu erschiessen, von einer streng kirchlichen, selbst

---

*) Wir erinnern uns eines Vorfalls auf einer Reise in der Provinz Preussen, als Herr von Bodelschwingh gelegentlich des Umspannens sich dem Wagen des Königs nähern wollte, allerdings in einem Anzuge, der nur wenig nach dem Minister schmeckte. Ein junger Landrath, welcher den Minister nicht persönlich kannte, vertrat ihm den Weg mit den Worten: „Mein Herr, man nähert sich Sr. Majestät nicht ohne Weiteres." Der Minister lächelte und versuchte es von der anderen Seite an den königlichen Wagen zu gelangen. Doch auch hier vertrat ihm der Landrath den Weg mit den ernsten Worten: „Mein Herr, ich habe Sie schon einmal auf das Unpassende Ihres Versuchs aufmerksam gemacht." Nichts desto weniger gelang es dem Minister an den König heranzukommen, und als der Landrath nun die Unterhaltung gewahrte, fragte er einen aus der Begleitung: „Wer ist das eigentlich, der jetzt mit dem Könige spricht?" „Oh, das ist der Minister Bodelschwingh." Man kann sich den Schreck denken. Natürlich schloss der Zwischenfall mit allgemeiner Heiterkeit.

2

dem Mysticismus zugeneigten Richtung, und er war desshalb mehr geeignet dem eigenthümlichen Gedankengange des Königs zu folgen und das Bindeglied zwischen seinem königlichen Herrn und seinem praktischen Collegen zu bilden. Von den sonstigen übernommenen Ministern starb der Herr von Altenstein bereits im Laufe des Jahres 1840 und erhielt am 10. October den bisherigen Director im Auswärtigen Amt Herrn Eichhorn als Nachfolger. An die Stelle des ebenfalls verstorbenen Generals von Rauch trat der damals als liberal geltende General von Boyen als Kriegsminister, und für den durch die Demagogen-Verfolgung mehr als unpopulär gewordenen Minister von Kamptz wurde Herr von Savigny als Justizminister zur Fortführung der Gesetz-Revision berufen.

Da die Regierung des Königs durch die Ereignisse in zwei scharf gesonderte Hälften getrennt ist, so will es uns als zweckmässig erscheinen, diese Trennung auch unserer Arbeit zu Grunde zu legen und die beiden Perioden bis 1848 und nach 1848 jede für sich zu behandeln. Als Unterabtheilungen bieten sich dabei von selbst: die königliche Arbeit a. in Bezug auf Christenthum und Kirche, b. die auswärtigen Angelegenheiten einschliesslich der deutschen Frage, c. die Entwickelung der Verfassungsfrage, d. die Armee, e. Kunst und Wissenschaft, von denen selbstverständlich die erste und die letzte mehrfach in einander übergreifen. Wir glauben nicht uns zu irren, wenn wir, natürlich unbeschadet der sonstigen grossen Verschiedenheit der betreffenden Persönlichkeiten die Thätigkeit des Königs in Bezug auf Seinen kaiserlichen Nachfolger in mannigfachen Beziehungen in Parallele stellen mit der Arbeit Friedrich Wilhelm I. für seinen grossen Sohn.

Nach dem innersten Kerne der Natur des Königs war Ihm die Arbeit für Christenthum und Kirche das Erste und Höchste. Ihm war es heiliger Ernst damit, Preussen als christlichen Staat zu erhalten und respective wiederherzustellen, und Sein Ausspruch: Ich und Mein Haus Wir wollen dem Herrn dienen, war in Seinem Munde ein unverbrüchliches Gelübde. Leider war es in den letzten Jahren des Ministers von Altenstein fast dahin gekommen, dass die Hegelsche Philosophie die Staatsreligion Preussens und die unentbehrliche Legitimation für den Eintritt in die theologischen und philosophischen Professuren geworden war, wobei es — nach dem damals gangbaren Witzwort — überall nicht an Solchen fehlte, welche „den Hegel zu bibeln und die Bibel zu hegeln" versuchten. Dazu trat von der andern Seite die missverständliche Auffassung der Union, welche man schon damals vielfach weniger als einen kirchenregimentlichen denn als einen dogmatischen Akt und als eine Beseitigung des wesentlichen Glaubensinhalts verstanden wissen wollte. Wir glauben dem Andenken Friedrich Wilhelm III. das Anerkenntniss schuldig zu sein, dass dieser vielgeprüfte Fürst, der Selbst Seinen Trost in der Religion gesucht und gefunden hatte, es keineswegs mit einer lebendigen, sich ihres Glaubensinhalts bewussten lutherischen und reformirten Kirche, sondern mit einem verwässerten rationalistischen Kirchendienst zu thun hatte und dass diesem gegenüber die Union und selbst die neue Agende als ein positiver Fortschritt begrüsst werden durfte. Bei dem Hochs. Könige trat noch hinzu, dass derselbe von einer Spaltung in Kirchen überhaupt Nichts wissen wollte, dass Er nur die drei ökumenischen Glaubensbekenntnisse als vollwerthig anerkannte und dass Er sehr geneigt war, auch in dem geistigen Israel eine Sonderung in unterschiedene Stämme gelten zu lassen. Man darf dies niemals vergessen, wenn man Seine Stellung sowohl zu der katholischen Kirche als auch zu der Union und der evangelischen Allianz richtig würdigen will. Bekannt ist Seine Äusserung, dass er sich darnach sehne, Seine Kirchengewalt und oberbischöfliche Stellung in andere Hände niederzulegen, wenn Er nur die richtigen zu finden vermöchte.

Um der Alleinherrschaft der Hegelschen Philosophie, deren jüngerer Nachwuchs sich bereits bemerkbar zu machen begann, ein Ende zu machen, wurde Schelling nach Berlin berufen, und die beiden hervorragendsten Leistungen dieses Philosophen: die Philosophie der Offenbarung und die Philosophie der Mythologie liefern den Beweis, dass dies nicht ohne Erfolg geschehen ist.

Ebenso war die Correctur unseres Eherechts für den

König nicht bloss ein juristisch-legislatorischer Akt, sondern der Ausdruck der Überzeugung, dass die Familie das Fundament der Staaten und dass deshalb die Christianisirung des Staats mit der Familie und mit der Ehe beginnen müsse. Ein christlicher Staat mit obligatorischer Civilehe passte nicht in den Rahmen Seiner Anschauungen. Dass der König sich dabei hie und da über das Material täuschte, in und mit dem Er arbeiten musste, und dass die Einwirkung von Aussen nach Innen nicht immer zu der von Innen nach Aussen in dem richtigen Verhältniss stand, wollen wir um so weniger in Abrede stellen, als der kirchliche und politische Liberalismus und Rationalismus bereits eine Macht geworden war, die nicht nur in der Masse der sogenannten Gebildeten, sondern auch in den Behörden Fuss gefasst hatte und jeden Versuch jener seichten Aufklärung Abbruch zu thun, als Absolutismus, Muckerthum und Reaktion in Verruf zu bringen bemüht war. Wer die damalige Garnitur des evangelischen Klerus, insbesondere des ältern, mehr in der Nähe kennen gelernt hat und weiss, auf welcher niedrigen Stufe nicht nur des Glaubens, sondern auch des Wissens eine grosse Zahl desselben stand, wie in vielen Pfarrhäusern kaum ein theologisches oder wissenschaftliches Buch zu finden war und was für Predigten damals gehalten wurden, der wird es dem Könige nicht genug danken können, dass er auf jede Weise bemüht war, die theologischen Facultäten zu heben und mit neuem kirchlichen Leben zu erfüllen, auch die oberen kirchlichen Instanzen neu zu organisiren und mit geeigneten Kräften zu besetzen. Natürlich wurde Ihm dies Seitens des tonangebenden Liberalismus als Feindschaft gegen die Freiheit der Wissenschaft ausgelegt, und zwar geschah dies von Leuten, die, was die wissenschaftliche Bildung anlangt, nicht werth waren, dem Könige auch nur die Schuhriemen aufzulösen.

In welchem Masse der König auch auf dem theologischen Gebiete zu Hause war, ergiebt sein bereits der Öffentlichkeit übergebener Briefwechsel mit Bunsen, und darf insbesondere Seine Abhandlung über das Diaconat als gradezu klassisch bezeichnet werden. Die Hauptsache aber war, dass der König es hier nicht

bei theoretischen Betrachtungen bewenden liess, sondern dass Er
das als richtig Erkannte — vielleicht mit etwas zu grossem Eifer
— auch in die Praxis zu übersetzen bemüht war. Daher Sein
Bestreben, das Werk der inneren Mission ins Leben zu rufen und
zu organisiren, in dem rauhen Hause zu Hamburg tüchtige Helfer
für alle Zweige der christlichen Liebesthätigkeit auszubilden, die
Ausbildung von Diaconissinnen zunächst durch den Pastor Fliedner
zu Kaiserswerth, die Begründung des christlichen Krankenhauses
Bethanien, welches demnächst die Mutter und das Muster so vieler
anderen geworden ist, die Wiederherstellung des Johanniterordens
und die Begünstigung der entsprechenden Liebesthätigkeit im
Schoosse der katholischen Kirche. Gewiss hat in den letzten
Kriegen mancher Verwundete und Sterbende den König gesegnet, die christliche Liebe in Gestalt einer barmherzigen
Schwester oder Diaconissin an seinem Schmerzenslager zu
sehen. Haben wir dessen ungeachtet — nach dem treffenden
Ausspruch Sr. Majestät des jetzt regierenden Kaisers — heut-
zutage zu wenig Religion im Lande und im Volke, was würde wohl
aus uns geworden sein, wenn der König Seine Aufgabe weniger
ernst genommen hätte.

Mit welchen Schwierigkeiten der König hierbei zu kämpfen
hatte, wird nur derjenige richtig zu bemessen im Stande sein,
welcher die kirchliche Stellung und den Zusammenhang unserer
Bureaukratie von damals näher kennen gelernt hat. So ein kluger
und wohlmeinender Herr auch der neue Kultusminister war, so
hatte er doch die Eierschalen der Aufklärung und des Schleiermacher-
thums noch nicht völlig abgelegt und wagte desshalb nur sehr
schüchtern einen Fuss vor den anderen zu setzen, zumal er dem
Gedankengange des Königs überhaupt nicht ganz zu folgen vermochte. Noch grösser und schwerer zu überwinden war der Widerstand der Ministerialräthe von damals, welche mit den Provinzial-
behörden, besonders deren Chefs, in stetiger Correspondenz und in
einer Art von Kartell standen, indem man sich gegenseitig darüber
verständigte, wie die Regierungsberichte abgefasst und wie die
Ministerial - Entscheidungen formulirt werden sollten, ein Ab-

kommen, welches natürlich auch auf Personalfragen seine Anwendung fand.*)

Nach Seiner tiefinnerlichen Natur war der König mit blossen Äusserlichkeiten nicht zufrieden, vielmehr lag es Ihm an, auch den evangelischen Kultus wieder zu dem zu machen, was selbiger sein sollte, nämlich zu einer Anbetung Gottes im Geist und in der Wahrheit. Zeugniss dafür giebt die auf Seine Veranlassung ausgearbeitete Liturgie Bunsens, die, wenn auch nicht in ihrer ursprünglichen Gestalt, doch zu einem Theile in der Pfarrkirche des Königs, der Friedenskirche zu Potsdam, zur Einführung gelangte. Ausserdem wurden zwei später disparate Persönlichkeiten, der Consistorialrath von Gerlach und der bekannte Prediger Sydow nach England und Schottland geschickt, um dort die Stellung und den Gottesdienst der Kirche zu studiren. Es handelte sich darum, die Predigt aus ihrer bisherigen dominirenden in die dienende Stellung zurückzuführen und, soweit dies möglich war, die Würde und Bedeutung des geistlichen Amtes wieder zur Anerkennung zu bringen. Die Verbindungen, welche man zu diesem Zwecke in England anknüpfte, lieferten ein praktisches Resultat zunächst in der gemeinschaftlichen Bestellung und in der anglikanischen Ordination des Bischofs Gobat in Jerusalem, doch glauben wir gut unterrichtet zu sein, wenn wir die Bemerkung hinzufügen, dass dem Könige der Gedanke nicht fern lag, durch Ordination in

---

*) Zum Beweise, dass wir nicht übertreiben, dürfte die Thatsache genügen, dass im November des Jahres 1848 bekanntlich ein Regierungs-Collegium als solches in corpore, mit dem Präsidenten an der Spitze, gegen die Ernennung des Ministeriums Brandenburg-Manteuffel feierlichst Protest einlegte. Wie verknöchert die Verwaltung am Schlusse der Regierung Friedrich Wilhelm III. überhaupt war, dafür eine kleine Geschichte aus der Zeit des Ministers von Schuckmann. Als nämlich die Cholera zum ersten Male Preussen durchzog, erstattete eine Regierungs-Behörde einen Bericht an den Minister v. Schuckmann, in welchem es hiess: Da sich nun die verderbliche Seuche auch ihrem Regierungssitze nähere, so hätten sie beschlossen, einen dreimonatlichen Urlaub mit entsprechender Vorwegnahme ihres Gehalts zu nehmen und bäten Se. Excellenz um hochgeneigte Genehmigung. Herr v. Schuckmann, der einen drastischen Styl liebte, erwiderte darauf umgehend: Von der Cholera hätten sie Nichts zu besorgen; wenn sich aber wider Vermuthen die Rinderpest ihrem Sitze nähern sollte, dann bäte er um schleunigen Bericht. Gleichzeitig erhielt der Präsident seinen Abschied.

England das bischöfliche Amt auch für Deutschland wieder zu
gewinnen.*)

Dieselbe Fürsorge und Sorgfalt wie den Universitäten wandte
der König auch dem sonstigen Schulwesen zu, doch war hier
Seine Aufgabe eine noch schwierigere, da die Schulabtheilungen
der Regierungen noch von dem Geiste Dinters und Zerenners
erfüllt waren und die niedere Geistlichkeit nur zu einem geringen
Theile das Zeug hatte, Leben in die Todtengebeine zu bringen, so dass
hier die Früchte seiner Thätigkeit erst später zu Tage getreten sind.

Seine treuen Mitarbeiter auf diesem Gebiete waren der Graf
Anton Stolberg und der Freiherr Senfft von Pilsach — nicht das
bekannte Herrenhaus-Mitglied, sondern der spätere Oberpräsident
von Pommern — welche ihrerseits wieder bei dem Kabinetsminister
von Thiele zuverlässige und sachverständige Unterstützung fanden.**)

Bekanntlich sind es gerade die kirchlichen Bestrebungen
des Königs gewesen, welche demselben die meisten Angriffe und
Verdächtigungen zugezogen haben. Pietist, Mucker, Heuchler: das
waren die gangbaren Schmähungen, in denen Liberalismus und
Rationalismus sich ergingen, und doch hat es wohl selten einen
Mann gegeben, der so lauter und aufrichtig war und in dem Maasse
die Wahrheit liebte wie der hochselige König. Wir wissen es und
können es bezeugen, dass Er einem Seiner vertrautesten Freunde
das Wort abgenommen hatte, Ihm stets und in jeder Sache die
volle ungeschminkte Wahrheit zu sagen, und dass er trotz Seines
königlichen Selbstgefühls selbst die bitterste und ihm persönlich
unbequemste Wahrheit jederzeit in einer Weise aufnahm, dass die
Empfindlichkeit Seinen Dank zu steigern schien. Es ist dies,

*) Nachdem wir dies geschrieben hatten, sind wir durch die Güte der
Verwandten des Herrn Gobat in den Besitz der betr. Correspondenz gelangt,
welche wir als „Anhang" mittheilen.
**) Herr von Thiele hatte unter Anderem ein näheres Verhältniss zu dem
durch seine Offenheit und Gradheit bekannten Pfarrer Gossner, und dürfte es
nicht ohne Interesse sein, die Antwort zu hören, welche Gossner gab, als ihm
der Minister einmal den Gedanken entwickelte, dass man als Staatsmann öfter
Etwas thun müsse, was man als Privatmann entschieden verwerfen würde.
„Wenn nun aber," sagte Gossner, „der Teufel den Minister von Thiele holt,
wo bleibt denn dann der Herr von Thiele?" ein Einwand, auf den der Minister
zwar die Antwort, aber gewiss nicht die Anwendung schuldig blieb.

allerdings mit Abstufungen, ein Familienzug der Hohenzollern, welche mit seltenen Ausnahmen auch die freimüthigste Äusserung gern entgegennehmen, vorausgesetzt dass der Betreffende dabei nicht vergisst mit einem Hohenzollern zu sprechen.

Den · in der protestantischen und katholischen Kirche fast gleichzeitig offenbar werdenden Abfall der Lichtfreunde und Deutsch-katholiken, dem die bewussten Feinde des Christenthums und die grosse Zahl derer, welche dieses nur in einem allgemeinen, alles Confessionelle ausschliessenden, verschwimmenden Moralgesetze sahen, gleichmässig zujauchzten, unterdrückte er nicht durch Anwendung von äusserem Zwang, da er wohl wusste, dass ein geistiger Kampf nur mit geistigen Waffen ausgekämpft werde und das Loos der Kirche erst jenseits das der triumphirenden, hier aber das der streitenden sei. Als aber mit dem Erfolg auch der Muth dieser verneinenden Richtung wuchs, sich bis zu directen Angriffen auf die Kirche steigerte und besonders in vielen städtischen Obrig-keiten eifrige Vertreter fand, trat er mit ganzer· Energie diesen Ausschreitungen entgegen und wies den Magistrat von Berlin, der in einer Adresse offen die Partei der Abgefallenen nahm und des König's Schutz gegen die „von dem Cultusminister beschützte finstere, übelberüchtigte Partei" — der gläubigen Geistlichen anrief, sehr ernsthaft zurecht. In der mündlichen Antwort am 2. October 1845 beklagte er es als ein Unglück, dass harte Anklagen gegen die zu Treuen erhoben würden, von denen man wisse, dass sie in seinem Namen und seinem Geiste verführen, während man kein Wort der Entrüstung für die Partei habe, welche nicht nur die Kirche schände, sondern sich auch ungesetzlicher Mittel zu politischen Agitationen bediene, und dass es der gepriesenen und geforderten Duldsamkeit wenig entspreche, wenn man den englischen Pro-testanten die Benutzung einer Kirche abschlage, während man den römischen Dissidenten unaufgefordert deren zwei angeboten habe. Die 1846 berufene Generalsynode brachte es auch nur bis zum Vermitteln und der König überzeugte sich bald, dass neue Glaubens-bekenntnisse nicht gemacht werden und dass dieselben nur dann einen Werth haben, wenn sie mit der bekannten rothen Dinte,

.

dem Blute der Märtyrer, corrigirt werden. Zwischen Treue und Abfall giebt es keine Vermittelung. Selbstverständlich hat man damals den König auch als Krypto-Katholiken dargestellt, doch kann nichts unrichtiger sein als dies. Er hatte zu der katholischen Kirche ungefähr dieselbe Stellung wie Schelling, das heisst Er wusste das an ihr zu schätzen, was zu schätzen ist, hielt aber an dem alten Worte fest: „Wie viel Lämmer ausserhalb der Kirche, wie viel Wölfe innerhalb derselben." Um der evangelischen Kirche wenigstens zu einer relativen Selbstständigkeit zu verhelfen, rief er den Evangelischen Oberkirchenrath in das Leben, und wenn wir diese Körperschaft auch nicht gerade als unser kirchliches Ideal betrachten mögen, so hat man doch bis jetzt etwas Besseres noch nicht gefunden.

Es wird nicht ohne Interesse sein, das Urtheil eines Mannes zu vernehmen, welchen der König mit seinem Vertrauen beehrte, wir meinen den Professor Stahl. Dieser sagte in seiner Gedächtnissrede: „Er erkannte es als Seinen Beruf, in einem Staate von europäischer Bedeutung vom Throne herab das Banner zu entfalten für die ewigen Wahrheiten des Glaubens und des Rechts wider den verneinenden Lügengeist der Zeit — er heisse Revolution, Rationalismus und Liberalismus, Civilisation oder Ideen von 1789. Er erkannte die ganze Bedeutung des Weltkampfes, der im vorigen Jahrhundert begann und in dem wir uns noch befinden, und er nahm ihn auf nicht als blosser Staatsmann, sondern als christlicher Herrscher, als Sache persönlichen Glaubens und königlicher Pflicht." Aber Er führte den Kampf mit geistigen Waffen; blosses Niederhalten durch äussere Gewalt hatte für Ihn keinen Werth, sondern Er suchte die Heilung von Innen heraus, um so das Ganze der göttlichen Ordnung und sittlichen Güter seinem Volke zu gewinnen, dem er nicht nur dasjenige, was der Zeitgeist zu zerstören suchte, erhalten sondern auch, was es auf unrichtigem Wege erstrebend ersehnte, erwerben wollte.

Unter allen Fürsten seiner Zeit bei weitem der hervorragendste, an Eigenschaften des Geistes und Herzens, von seltenem umfassenden Wissen, von einer Wärme und Ursprünglickkeit der geistigen Anschauung, welche durch eine plastisch-künstlerische Beredsamkeit getragen, zur Begeisterung fortriss, voll klarer Erkenntniss über seinen welthistorischen Lauf wie selten Einer und ihn erfassend mit der ganzen Innigkeit und Wärme, die sein reiches Herz erfüllten, ist er Märtyrer Seines Glaubens und Strebens geworden.

Es ist bekannt, mit welcher Sehnsucht Friedrich der Grosse an die Choralgesänge seiner alten Soldaten zurückdachte und dass er gern die Religiosität um einen hohen Preis zurückgekauft hätte. Möge unserem Vaterlande die Wiederholung einer ähnlichen Erfahrung erspart bleiben.

Anlangend die Auswärtigen Angelegenheiten, so fand der König bei Seiner Thronbesteigung eine ziemlich ernst erscheinende Verwickelung vor. Ranke bemerkt darüber; „Es gab damals auch eine grosse politische Verwicklung, welche den Orient betraf. Nachdem Frankreich und England in den Angelegenheiten der pyrenäischen Halbinsel in die engste Verbindung getreten waren, im Gegensatz gegen die drei Continalmächte, entzweiten sie sich doch wieder in der orientalischen Frage, welche durch die selbständige Aufstellung des Vicekönigs von Ägypten gegen den Sultan in eine neue Phase trat. Das hatte insofern eine wesentliche Beziehung auch zu den inneren Angelegenheiten Europas, als die damalige französische Regierung das constitutionelle Prinzip rein und vollständig zur Herrschaft zu´ bringen suchte. Sie nahm sich der Sache des Vicekönigs an und würde, wenn sie ihre Absicht erreicht hätte, eine doppelte Stärke in der Welt erlangt haben. Die französische Regierung erschien darin ungewöhnlich fest; sie meinte durch eine Krieg drohende Haltung die beiden deutschen Mächte von einer Verbindung mit England und mit Russland, die jetzt wieder zusammenhielten, abzuhalten. Es war die erste grosse Angelegenheit, die König Friedrich Wilhelm IV. vorgelegt wurde. Allein sein Sinn und seine Stimmung waren es nicht, vor den französischen Drohungen zurückzuweichen; er ergriff vielmehr die Gelegenheit mit Freuden sich England wieder zu nähern, voll von

dem Gedanken, dem christlichen Namen im Orient eine grössere
Geltung und den glaubensverwandten Bevölkerungen grössere
Sicherheit zu verschaffen. Es trat also den Erklärungen der drei
anderen Mächte zu Gunsten des Sultans bei und da zugleich der
König Louis Philipp, unzufrieden mit dem ihm von seiner damaligen
Regierung auferlegten Zwange, die Rechte der Monarchie wieder
in Aufnahme und zur Geltung brachte, so verlor der Streit, der
zu einem allgemeinen Kriege hätte führen können, seine Spitze;
das System der vier Mächte bekam vollkommen die Oberhand.
Der rasch vorübergezogene Sturm und dieser Erfolg gab dem
neuen König eine gewisse Zuversicht zu der äusseren Lage, in
der er sich befand, die nun wieder den alten Vorgängen und
Traditionen entsprach." Hiermit ist indess die Stellung und
Auffassung der Königs nicht erschöpft. Wie überall, so fanden
auch hier die wesentlichsten Verhandlungen hinter den Coulissen
statt und handelte es sich für den König, der Sich durch den
äusseren Schein nicht täuschen liess und die Unfertigkeit der
französischen Zustände durchschaute, gleichzeitig darum, das
Ministerium Thiers beseitigen zu helfen, die monarchische Gewalt
in Frankreich — soweit dies noch möglich war — zu kräftigen
und Europa vor einer neuen revolutionären Erschütterung zu
bewahren. Der Feldmarschall Graf Dohna, welcher damals in
besonderer Mission nach Paris gesandt wurde, hatte eine sehr
interessante Unterredung mit Louis Philippe, zu deren Veröffent-
lichung wir uns jedoch nicht für berechtigt halten. Der Bürger-
könig sagte bei dieser Gelegenheit speciell — und dies wissen
Mehrere — „die Franzosen sind wie die Hunde, fürchtet man sich
vor ihnen, dann beissen sie; tritt man sie mit dem Fusse,
dann wedeln sie mit dem Schwanze." Wie der Erfolg gezeigt,
war dies indess mehr Theorie als Praxis. Ausserdem war es nicht
der Sinn des Königs einfach zu den früheren Traditionen zurückzukehren. Wem die heilige Allianz zu Gute gekommen war und
in welcher Weise sie ausgebeutet wurde, war Ihm nicht zweifelhaft,
und wenn die Präponderanz Russlands durch das ehrerbietige
Verhalten des Kaisers Nicolaus gegen seinen königlichen Schwieger-

vater auch einigermassen verhüllt wurde, so verschwand doch dieser
Schein mit dem Tode Friedrich Wilhelm III. und es wurde alsbald
in St. Petersburg ein Ton angeschlagen, der dem Könige sehr
wenig sympathisch war. Ebenso war der König sehr weit davon
entfernt, die bestehende deutsche Bundesverfassung als eine
mustergiltige zu betrachten, vielmehr nahm er schon im August
1840 aus der damaligen Bedrohung des Bundesgebietes Seitens
Frankreichs Veranlassung, Sich zu Dresden gegen den Fürsten
Metternich über die Unzulänglichkeit der Bundes-Kriegsverfassung
auszusprechen. Einen praktischen Erfolg hatte dies natürlich
nicht und auch die besondere Mission des Generals v. Radowitz
nach Wien im October 1840 fand nur so lange ein scheinbar
geneigtes Entgegenkommen, als die französische Kriegsgefahr noch
nicht als völlig beseitigt angesehen werden konnte. Man lehnte
eben in dem Metternichschen Österreich, wie später so auch damals,
grundsätzlich Alles ab, was irgendwie dazu angethan war, die
Stellung Preussens innerhalb des deutschen Bundes und nach
Aussen zu verbessern und zu stärken, und man kannte die Pietät
des Königs gegen das Vermächtniss seines Vaters zu genau, als dass
man eine wesentliche Störung des bestehenden Verhältnisses für
möglich gehalten hätte. Hierzu kam, dass der Kaiser Nicolaus
natürlich von einer Änderung in Deutschland Nichts wissen wollte
und mit einer gewissen Berechtigung die kleineren deutschen
Fürsten als seine Vasallen und diese ihn wiederum als den besten
und zuverlässigsten Garanten ihrer Souveränetät betrachteten.

Gegen den übereinstimmenden Willen Österreichs und
Russlands Etwas in Deutschland durchzusetzen, daran konnte der
König um so weniger denken, als das alte Preussenthum in seiner
Majorität die deutschen Bestrebungen noch immer im Lichte der
Demagogie betrachtete und der König selbst bei seinen Ministern
nur wenig Verständniss und noch weniger Unterstützung fand.
„Meine Minister", schreibt der König, „bewundern Alles, was Ich
ihnen über deutsche Politik sage, thuen aber absolut Nichts." Dies
deprimirte den König um so mehr, als Er sich bewusst war, die
Sache viel besser zu verstehen als die Minister und sich vergeblich

nach Männern umsah, die bereit und fähig waren Seine Gedanken zu realisiren. Wie wenig übrigens der König in der sogenannten Demagogenriecherei befangen war, bewies Er unter Anderem auch durch die Retablirung von Jahn und Arndt, von denen Er namentlich den Letzteren sehr hoch schätzte.*)

Die Einzigen, welche dem Könige in der deutschen Frage näher standen, waren der General von Radowitz und der spätere Gesandte in London, Bunsen, über welchen Letzteren in England das Scherzwort circulirte, dass die Gelehrten ihn für einen Diplomaten und die Diplomaten für einen Gelehrten hielten. Wir werden uns mit diesen beiden Personen demnächst noch eingehender zu beschäftigen haben und beschränken uns deshalb hier darauf, dieselben mit einigen Strichen zu skizziren. Gr. v. Radowitz war unzweifelhaft ein sehr begabter, unterrichteter, redegewandter Mann, der sich das Vertrauen des Königs Friedrich Wilhelm III. durch sein Auftreten am Hofe des Kurfürsten zu Kassel erworben hatte, von stattlichem Äussern und vornehmer soldatischer Haltung, der sich auch als Schriftsteller bemerkbar machte, doch leider mehr ein Mann der Theorie als der Praxis. Sein „Gespräche aus der Gegenwart über Staat und Kirche", in welchen er schon damals prognosticirte, dass der Leuchter der katholischen Kirche in den romanischen Ländern umgestossen werden würde und dass die Kirche ihre feste Stellung in den germanischen Ländern, speciell auf dem märkischen Sande, suchen müsse, machten ihrerzeit um so mehr Aufsehen, als Gr. v. Radowitz allgemein für ein eifriger Katholik galt. Herr Bunsen dagegen war ein geistlicher Diplomat im kleinen Styl, etwas weniger fein und geschickt alsdie römischen, ein Mann, der seine Carrière als Gesandtschaftsprediger in Rom begonnen hatte und sich mit dem Könige, wenigstens scheinbar, in vielen

---

*) Jahn war bekanntlich früher zu einer längeren Festungsstrafe verurtheilt. Als derselbe diese Strafe antrat, sagte er zu dem betreffenden Bürgermeister, es sei doch eigentlich sehr unrecht ihn auf die Festung zu schicken, er habe dem Vaterlande in schwerer Zeit gute Dienste geleistet. „Da haben Sie ganz Recht," antwortete ihm der Beamte, „ich hätte Sie auf so lange zum Bürgermeister hier gemacht, dann wären Sie von allen Ihren Schnullen curirt."

Dingen berührte, welche diesem die höchsten und wichtigsten waren. Ausserdem hatte er es verstanden sich zu den Coburgern in ein passendes Verhältniss zu setzen, was damals viel bedeuten wollte, ihm am englischen Hofe eine freundliche Aufnahme bereitete und mancherlei Fäden in die Hand gab.

Wichtigere Ereignisse auf dem Gebiete der auswärtigen Politik sind sonst aus diesem Zeitraum nicht zu verzeichnen. Der Bundestag in Frankfurt a. M. ging seinen alten Schlendrian und in Europa träumte man einen süssen Traum von Legitimität und Völkerglück, von Patriotismus und Unterthanen-Treue, aus dem man erst im Frühjahr 1848 erwachte.

Was die eigentliche Verwaltung im Innern anlangt, so lässt sich diese von der Verfassungs-Entwicklung kaum trennen, zumal da auf beiden Gebieten dieselben Gesichtspunkte massgebend waren. Es war dem Könige Ernst damit, der überall schmerzlich empfundenen Stagnation und Verknöcherung ein Ende zu machen, die alles überwuchernde Bevormundung der Bureaukratie zu beschränken, der Presse eine grössere Freiheit zu gewähren, die geschichtlich überkommenen Körperschaften neu zu beleben, den Handel zu fördern und zu heben, in Bezug auf die Landeskultur in die Fusstapfen Friedrichs d. Gr. zu treten und für die Hebung der am meisten zurückgebliebenen Gegenden durch die Gewährung von Arbeits-Gelegenheit Sorge zu tragen. Leider waren die Organe, mit denen der König arbeiten musste, nicht immer dem Zwecke völlig entsprechend; insbesondere war es ein grosser Missgriff, das Oberpräsidium der Provinz Preussen, welche bekanntlich damals wie auch später der Hauptherd der liberalen Agitation war, mit einem Manne zu besetzen, der als Jurist ausgezeichnet, als treuer Patriot bewährt, aber als Verwaltungs-Beamter durchaus unbrauchbar war und deshalb auch im Jahre 1848 so vollständig Fiasko machte, dass ohne das Eingreifen des commandirenden Generals, des Grafen Dohna, die Provinz der Anarchie anheimgefallen wäre. Wie selbst streng conservative Männer über seine administrative Befähigung urtheilten, davon haben wir selbst gelegentlich eines Festmahls, welches dem Oberpräsidenten in einer kleinen Stadt

Masurens gegeben wurde, ein sehr drastisches Beispiel erlebt. Der alte Herr v. Berg auf Gross-Borken, wegen seines Humors und schlagenden Witzes ein Liebling des Königs und wegen seiner Fürsorge für den Bauern und den Arbeiter die erste und gesuchteste Autorität in seinem Kreise, brachte den Toast auf den gefeierten Gast aus, indem er sagte: „Meine Herren, ich bitte Sie mit mir zu trinken auf das Wohl des Mannes, dem Se. Majestät der König die Sorge für anderthalb Million Seiner Unterthanen übertragen hat" — „Zwei und eine halbe Million", unterbrach man den Redner — „nein, anderthalb Millionen! Die Andern sind nur Masuren und um die bekümmert er sich nicht!" Tableau.

Die Provinz Preussen hatte damals noch keine Eisenbahn und, genau genommen, nur eine Chaussee, so dass man bei jeder Reise an den Ausspruch Napoleon I. erinnert wurde, dass er in Preussen ein fünftes Element habe kennen lernen, nämlich den Dreck, und selbst im Hochsommer noch Gefahr lief im Schmutze stecken zu bleiben. Wie sehr hierunter nicht blos Handel und Verkehr, sondern auch der Ackerbau litten, liegt auf der Hand und es musste deshalb um so mehr überraschen, dass die Bemühungen des Königs zur Beseitigung dieser Übelstände nicht die gebührende Anerkennung fanden. In der Tuchel'schen Haide beispielsweise, wo der Morgen einen Reinertrag von einem Silbergroschen drei Pfennigen brachte und wo die Bevölkerung so heruntergekommen war, dass dieselbe die jüngsten Fichtensprösslinge ass, wo man im Frühjahr die Strohdächer futterte und wo das Schwein, welches mit in der Stube lebte, als der reinlichste Bewohner bezeichnet werden durfte, wurden auf Specialbefehl des Königs durch den Freiherrn Senft v. Pilsach auf Gramenz ausgedehnte Bewässerungs-Anlagen an den beiden Flüssen Schwarzwasser und Brahe ausgeführt, von denen namentlich die letzteren darauf berechnet waren, mittelst eines grossen fertiggestellten Kanals bis nach Bromberg herunter etwa 32 000 Morgen sterilen Waldboden in Rieselwiesen zu verwandeln. Bei diesen Arbeiten wurden eine lange Zeit hindurch grosse Schaaren von Arbeitern, zuletzt bis sechs tausend in lohnender Weise beschäftigt. Von diesen Anlagen kamen jedoch nur die am

Schwarzwasser zur vollen Durchführung und bewährten sich in dem
Maasse, dass der als sachkundiger Landwirth bekannte Herr
v. Sänger-Grabowo, der zunächst als Skeptiker und Kritiker auf-
getreten war, später nach vorgenommener Besichtigung öffentlich
erklärte, als Zweifler sei er hingegangen, als Enthusiast komme er
zurück. Die Anlagen an der Brahe dagegen, welche das Meiste
gekostet und welche bis auf · die Detail-Ausführung vollendet
waren, sind, Dank der bureaukratischen Beschränktheit des Herrn
v. Patow, dem Untergang verfallen, obschon sogar ein sehr zahlungs-
fähiger Privatmann eine bedeutende Summe dafür zahlen und die
Sache zur eigenen Ausführung übernehmen wollte. Ähnliche
Arbeiten wurden in der Skalischener Forst und in dem Allensteiner
Kreis in Angriff genommen, von denen namentlich die letzteren
so reussirten, dass der bis dahin arme Kreis einer der wohlhabendsten
der Provinz geworden ist. Wie es scheint, bedurfte es erst der
grossen Vagabondage der letzten Jahre, um die Gedanken der
Menschen auf die in mehrfacher Beziehung segensreiche Wirkung
derartiger Unternehmungen zurückzuführen und damit das Andenken
des Königs auch hier wieder zu Ehren zu bringen.

Zur Förderung des Handels rief der König das Handelsamt
mit dem — später recht missvergnügt und liberal gewordenen —
Herrn von Rönne an der Spitze in das Leben, doch konnte dieses
Amt wegen des ihm überall widerstrebenden „Ressort-Patriotismus"
der bestehenden Behörden keinen rechten Boden gewinnen und
starb desshalb, ohne seinen Zweck erfüllt zu haben, allmälig wieder
ab, ein neuer Beweis, dass unser Handelsstand die Kinderschuhe
des Krämerthums noch nicht ausgetreten hatte und dass es jedenfalls nicht der König war, über welchen derselbe sich wegen
Vernachlässigung seiner Interessen zu beklagen hatte.

Ein ähnliches Schicksal hatte das von dem Könige geschaffene
Ober-Censurgericht, welches dazu berufen war, der bisherigen
geistlosen administrativen Maassregelung der Presse ein Ende zu
machen und die einschlagenden Fragen vom Standpunkte des
Richters zu erledigen. Wie mechanisch damals die Censur gehand-
habt wurde und wie wenig dieselbe ausreichte, auch nur die

3

Beleidigung der höchstgestellten Personen zu verhindern, davon nur zwei Beispiele unter vielen. In der „Locomotive" des später noch bekannter gewordenen Held erschienen eines Tages zum Entsetzen der offiziellen Welt zwei Artikel, von denen der erste von der Verlobung eines russischen Grossfürsten mit einer deutschen Fürstentochter sprach und der folgende sich unmittelbar daran anschliessende mit den Worten begann: „Bekanntlich soll sich Juchten bei Schaffell am besten conserviren." Der zur Verantwortung gezogene Redacteur exculpirte sich durch den Nachweis, dass der Censor einen dritten Artikel, welcher zwischen jenen beiden gestanden, einfach gestrichen habe und dass nur dadurch der ominöse Anschluss erfolgt sei, ein Resultat, das natürlich von Hause aus beabsichtigt war. Ebenso brachte damals, gelegentlich der Entlassung des Ministers v. Rochow, die Vossische Zeitung — wenn wir nicht irren — ein Inserat, welches wörtlich lautete: „Heute habe ich meinen Hausknecht Rochow entlassen. Friedrich Wilhelm König."

Nicht viel glücklicher war man mit den Anfängen einer officiösen Presse zur Vertretung der Principien und Maassregeln der Regierung. Der „Janus", welcher unter der Redaction des auf dem socialen Gebiete hochverdienten Professors Huber herausgegeben wurde, erschien wegen der doctrinären und etwas langweiligen Schreibweise der Mitarbeiter fast mit Ausschluss der Öffentlichkeit, so dass der zur Mitarbeit aufgeforderte Herr v. Savigny erklärte: für den Janus schreiben, das sei ohngefähr dasselbe wie für den Thurmknopf einer zu erbauenden Kirche. Dessen ungeachtet, glauben wir das Verdienst des Mannes, der den Muth hatte, sich dem Odium auszusetzen und zum ersten Male die Alleinherrschaft des seichtesten Liberalismus in der Presse zu stören und zu durchbrechen, um so unumwundener anerkennen zu sollen. Es war damals — wie wir dies aus eigener Erfahrung als Mitarbeiter an dem von dem Professor Bercht in Bonn herausgegebenen Rheinischen Beobachter wissen — nicht leicht sich öffentlich als principiell conservativ zu bekennen, und wer es nun gar wagte in der Presse dafür aufzutreten, der war dem Bann der liberalen öffentlichen

Meinung verfallen, und die literarische Jugend von heute verhält sich zu den Bahnbrechern vom Tage vorher etwa wie der Capitain eines Hamburger Dampfers zu Christoph Columbus. Leider waren indess dem Könige auf dem Gebiete der Presse die Hände durch die Bundesgesetzgebung gebunden, an welcher man österreichischerseits nicht rütteln liess, und es ist eine der vielen bewussten Unwahrheiten, wenn man Denselben als Feind einer grösseren Freiheit der Presse darzustellen versuchte.

Anlangend die Stellung des Königs zu Kunst und Wissenschaft, so sagte ein hervorragender Engländer mit Recht von Ihm: Er sei der einzige König, der sofort als Professor sein Brod verdienen könnte, und der verewigte General v. Gerlach, der bekanntlich seinem Herrn persönlich sehr nahe stand, bemerkte: „Der König ist ein so liebenswürdiger, geistreicher und gebildeter Herr, dass ich Seinen Umgang suchen würde, auch wenn er nur Seconde-Lieutenant wäre." Sein Lieblingsstudium war die Geschichte, doch beschäftigte Er sich auch sehr eingehend und sachverständig mit Musik, Zeichnen und Architectur, sodass die Pläne zu den Bauten, an denen wir uns heute erfreuen, wohl zum grössten Theil auf Seine Initiative zurückzuführen sind. Wer sich der Ehre erfreute, zu den kleinen Soupers des Königs zugezogen zu werden, der wird sich noch erinnern, wie Derselbe so häufig eifrig zeichnend an Seinem Tische sass, dessen ungeachtet aber der Unterhaltung nicht bloss folgte, sondern dieselbe beherrschte. Von hohem Interesse war hierbei die Stellung des Königs zu Alexander v. Humboldt, in Bezug auf welchen Derselbe der späteren Enthüllungen Varnhagens v. Ense nicht bedurfte, um über seinen Charakter und seine Sympathien im Klaren zu sein. Humboldt, welchem „Papa Wrangel" demnächst den sehr characteristischen Namen „unser alter demokratischer Weltweiser" verlieh, war nach seinen persönlichen Neigungen und Anschauungen entschieden liberal, doch konnte er andererseits die Hofluft nicht entbehren und führte so eine Art von Zwitterleben, wodurch die Aufrichtigkeit und Lauterkeit seines Lebens und Strebens nicht gerade gewann. Nichts desto weniger hatte er für den König wegen seines grossen Wissens den Werth eines grossen, wenn auch nicht ganz zuverlässigen Conversations-Lexicons, wobei man jedoch nicht vergessen darf, dass — wie dies auch der Geheime Hofrath Schneider in seiner Selbstbiographie bestätigt — nicht allein der König ihm in der Geschichte entschieden überlegen war, sondern auch in seinem damaligen zweiten Cabinets-rath Niebuhr einen Mann zur Seite hatte, der den berühmten Vielwisser nicht selten auf den Sand setzte. Die zweite Persönlichkeit, welche die Studien des Königs bis auf einen gewissen Punkt theilte, war der ebenfalls sehr unterrichtete General von Radowitz, der dabei über Alles was der König las und trieb, stets so gut unterrichtet war, dass er demselben gerade dadurch zu imponiren wusste, sodass man nicht selten von dem Könige die Äusserung vernahm: Es ist mir immer, als wenn ich bei ihm meinen eigenen Studien und Gedanken begegnete.

Um Sein reges Interesse für Malerei und Baukunst zu würdigen, darf man nur an die Namen Cornelius, Kaulbach, Stüler, Persius erinnern und auf die neuen Monumentalgebäude und Gallerien hinweisen, und unwillkürlich wird man dabei an die Worte des Frankfurter Professors zu Friedrich Wilhelm I. erinnert, der nach Durchlesung einiger volkswirthschaftlicher Rescripte ganz naiv äusserte: „Schade, dass Euer Majestät nicht Professor geworden sind", worauf der Soldatenkönig sehr trocken erwiderte: „Ich befinde mich so besser."

Was die Stellung des Königs zur Armee anlangt, so war Derselbe ja allerdings keine soldatische Natur im specifischen Sinne des Wortes wie des jetzt regierenden Kaisers Majestät, doch war der Hohenzoller in ihm durchaus lebendig; auch kannte er die Geschichte Seines Landes genügend um zu wissen, dass die Bedeutung Preussens in Europa durch seine Armee bedingt werde. Überdiess war Seine militärische Ausbildung eine sehr gründliche, wofür die Namen Scharnhorst, Knesebeck, Clausewitz, die Seine militärische Erziehung leiteten, genügende Bürgschaft leisten. Freilich lag Ihm in der ersten Zeit seiner Regierung der Gedanke fern, die Armee in kriegerischen Verwicklungen nach Aussen zu verwenden, woraus sich von selbst eine gewisse

Stagnation entwickelte, das Avancement nicht ganz von Nepotismus frei blieb, die höheren Führer bis über die Grenze ihrer Leistungsfähigkeit hinaus conservirt blieben und das Schwergewicht der militärischen Ausbildung in die Paradedressur fiel. Es war dies eine Erbschaft aus der vorigen Regierung, wo Vater und Sohn gleichzeitig Lieutenants waren, wo man Secondelieutenants hatte, die schon 1814 mit in das Feld gerückt waren und die bekannte schwarze Medaille für Nichtcombattanten trugen, von welcher der Volkswitz behauptete, dass dieselbe auf der einen Seite die Inschrift habe: Du sollst nicht tödten, und auf der andern: Hinter dem Berge sind auch noch Leute. Wir haben selbst einen Lieutenant gekannt, auf den diese Beschreibung passt; in demselben Regiment aber waren auch Hauptleute, welche schon in der Schlacht bei Wartenburg Officier gewesen und mit dem eisernen Kreuz decorirt waren und von denen der älteste erst im Jahre 1848 Major wurde. Die Anekdote von dem Hauptmann von Capernaum dürfte zur Genüge bekannt sein. Dass die Armee dessen ungeachtet das geblieben war, als was sie sich im Jahre 1848 bewährte, darf mit Recht als das glänzendste Zeugniss des in ihr lebenden Geistes angesehen werden.

Der weitaus schwierigste Theil der Regierungsthätigkeit des Königs war selbstredend die Verfassungsfrage, doch glauben wir uns hier vor dem Jahr 1848 etwas kürzer fassen zu sollen, da die Details der betreffenden Entwickelung in jedem Geschichtsbuche zu finden und neuerdings von Leopold v. Ranke in der übersichtlichsten Weise zusammengestellt sind. Es war — wie schon angedeutet — die Absicht, das partriarchale Königthum, welches in einer bureaukratischen Verwaltung repräsentirt und darin einigermaassen verknöchert war, mit ständischen Institutionen zu umgeben und durch diese nicht nur eine freiheitliche Entwickelung und eine mit der ungeschwächten Machtfülle des Königthums vereinbare Selbstregierung und Verwaltung anzubahnen, sondern auch die Einheit aller Provinzen, gleichviel ob sie zu dem deutschen Bunde gehörten oder nicht, auf staatsrechtlicher Grundlage zu befestigen. Es ist bekannt, dass der König die Vertretung bestimmter Doctrinen und Schulmeinungen als undeutsch betrachtete und nur die Vertretung realer Interessen als berechtigt anerkannte, wie Er sich denn auch in einem Schreiben an den Fürsten Metternich dahin aussprach, dass Er keine moderne Constitution und keine Charte verleihen, auch keine periodischen Reichstage und keine Reichstagswahlen anordnen wolle.

Die Zugeständnisse, die Er zunächst machte, gingen nur dahin, dass die Provinzial-Landtage alle zwei Jahre versammelt, ihre Protokolle für die Mitglieder gedruckt und ihre Anträge sammt den Bescheiden der Regierung zur allgemeinen Kunde gebracht werden sollten. In dem Landtagsabschiede vom 9. October 1840 wies der König ausdrücklich darauf hin, wie Sein in Gott ruhender Herr Vater, bewogen durch die Wahrnehmung der Verfassungsergebnisse in anderen Ländern, um des wahren Heiles Seines ihm anvertrauten Volkes willen Sich fernhaltend von den herrschenden Begriffen allgemeiner Volksvertretung, mit ganzem Ernste und mit innerster Ueberzeugung für die Verfassungs-Einrichtungen den naturgemässen, auf geschichtlicher Entwickelung beruhenden und der deutschen Volksthümlichkeit entsprechenden Weg eingeschlagen habe. Die allen Theilen der Monarchie verliehene Provinzial- und Kreisständische Verfassung sei das Ergebniss seiner weisen Fürsorge; sie habe die auf deutschem Boden wurzelnde geschichtliche Grundlage ständischer Gliederung, wie solche durch die überall berücksichtigten Veränderungen der Zeit gestaltet worden sei. Dies Werk, welches von seiner Entstehung bis zu der Gegenwart des Königs eigene Mitwirkung und lebhafteste Theilnahme in Anspruch genommen, treu zu pflegen und einer für jeden Landestheil erspriesslicheren Entwickelung entgegenzuführen, sei dem Könige eine der wichtigsten und theuersten Pflichten seines Ihm durch Gottes Fügung anvertrauten königlichen Berufes.

Auf den im Frühjahr 1845 abgehaltenen Provinziallandtagen kam die schon im Jahre 1843 angeregte Verfassungsfrage von Neuem zur Vorhandlung. Die Anträge auf Ausführung der Verheissungen des Jahres 1815 erhielten in Posen, Preussen und der Rheinprovinz die zu ihrer Annahme erforderliche Mehrheit von über zwei Dritttheilen der Stimmen; in Schlesien wurde nur eine Mehrheit von drei, in Westfalen von einer über die Hälfte der Stimmen erreicht; in Pommern und Sachsen blieben sie in der Minorität; die Stände der Provinz Brandenburg liessen die Angelegenheit unberührt. Unmittelbare Folgen hatten die Erörterungen nicht. Hierzu traten Auflehnungen von Stadtverordneten-Versammlungen, die Opposition der „Lichtfreunde" und die Bildung von freien Gemeinden, mit denen man den kirchlichen Behörden Widerstand zu leisten versuchte.

Unter diesen Umständen und da die Verbindung, in welche der Rheinische Provinziallandtag die Gewährung einer allgemeinen Landesverfassung mit der deutschen Einheit gebracht, auf den König nicht ohne Eindruck geblieben war, glaubte Derselbe auf dem betretenen Wege einen Schritt weiter gehen zu sollen und es erschien an dem Abend des 3. Februar 1847 in dem Staatsanzeiger das Patent von demselben Tage, die ständischen Einrichtungen betreffend mit drei gleichzeitigen Ausführungs-Verordnungen. Das Patent im Anschlusse an die Gesetze König Friedrich Wilhelm III., von welchen nur die Verordnung vom 17. Januar 1820 über das Staatsschuldenwesen und das Gesetz über Einrichtung der Provinzialstände namentlich angeführt wurden, wies den zu einem vereinigten Landtage versammelten Provinzial-Ständen die in der Verordnung über das Staatsschuldenwesen vorgesehene ständische Mitwirkung zu neuen Anleihen, Einführung neuer oder Erhöhung bestehender Steuern zu; dem vereinigten Landtage oder in dessen Vertretung dem vereinigten ständischen Ausschusse wurde das Recht des Beirathes zu Gesetzen, soweit solches bis zu der Zustandekunft einer allgemeinen Vertretung den Provinziallandtagen übertragen war, die ständische Mitwirkung in Beziehung auf die Verzinsung und Tilgung der Staatsschulden, soweit sie nicht einer ständischen Deputation übertragen werde, und das Petitionsrecht über innere, nicht bloss provinzielle Angelegenheiten beigelegt. Der vereinigte Ausschuss sollte periodisch berufen werden. Eine Verordnung über Bildung des vereinigten Landtags vereinigte die Prinzen des königlichen Hauses, die standschaftsberechtigten früheren Reichsstände, die schlesischen Fürsten und Standesherren und die übrigen Viril- oder Collectiv-Stimmführer der Provinziallandtage zu einem Herrenstande, welcher mit den Abgeordneten der Ritterschaft, Städte und Landgemeinden über Aufnahme neuer Anleihen, Einführung oder Erhöhung von Steuern gemeinschaftlich beschliessen sollte. Andere Angelegenheiten

bleiben der Berathung und Beschlussnahme in gesonderten Ver-
sammlungen vorbehalten. Der weitere Inhalt des Gesetzes enthielt
eine nähere Bestimmung der in dem Patente den Ständen beigelegten
Befugnisse. Eine Verordnung über die periodische Berufung der
ständischen Ausschüsse bestimmte als längsten Zeitraum für den
periodischen Zusammentritt vier Jahre nach der letzten Versammlung
der Ausschüsse selbst oder des vereinigten Landtags, den Mitgliedern des Herrenstandes wurde durch Verstärkung der Ausschüsse
aus ihrer Mitte ihre Theilnahme an der Versammlung gesichert.
Eine dritte Verordnung hatte die Bildung einer Deputation von
je einem auf sechs Jahre gewählten Mitgliede aus der Vertretung
der acht Provinzen für die ständische Mitwirkung bei dem Staatsschuldenwesen zum Gegenstande. Den 8. Februar berief eine
Allerh. Cabinets-Ordre den Landtag zum 1. April nach Berlin.
Bei der persönlichen Eröffnung in dem weissen Saale des königlichen Schlosses sprach der König sich dahin aus, wie er deutsche
Stände in althergebrachtem Wortsinne in Wirksamkeit habe setzen
wollen, zunächst Vertreter und Wahrer eigner Rechte, dann aber
auch zur Ausübung der von der Krone ihm zugetheilten Rechte
nicht um Zeit- oder Schulmeinungen zur Geltung zu bringen.

Selbstverständlich fanden die liberale Opposition und die
Vertreter des damals gangbaren Constitutionalismus sich dadurch
nicht befriedigt, und wenn man auch einstweilen noch davon
absah, bestimmte Ausstellungen zu erheben, so sprach man doch
in der sogenannten Danksagungs-Adresse offen aus, dass man in
den getroffenen Einrichtungen und den der Vertretung beigelegten
Befugnissen die volle Übereinstimmung mit den in dem Patente
in Bezug genommenen älteren Gesetzen vermisse. Die in der
Sitzung vom 23. April eröffnete königliche Antwortsbotschaft
erklärte: andere als die durch das Patent und die Verordnungen
vom 3. Februar an aus freier königlicher Entschliessung und
Machtvollkommenheit den Ständen beigelegten Rechte könnten
nicht anerkannt werden. Die hierin enthaltene Gesetzgebung sei
in ihrer Grundlage unantastbar; der König betrachte sie indess
nicht als abgeschlossen, sondern als bildungsfähig. Deshalb sei

den Ständen der Weg eröffnet, hierauf bezügliche Anträge an den
König gelangen zu lassen. Ein Haupteinwand wider das Patent
vom 3. Februar hatte den Mangel der Periodicität für den
vereinigten Landtag betroffen. In dieser Beziehung kam die
königliche Botschaft der Äusserung eines speciellen Wunsches
dadurch zuvor, dass sie versprach, damit der Landtag Gelegenheit
erhalte, auf der Grundlage reiflicher Erfahrung seine, die Verfassung betreffenden Anträge und Wünsche vorzulegen, solle die
Wiederberufung des vereinigten Landtags auch ohne sonstige
Veranlassung innerhalb der nächsten vier Jahre stattfinden. Die
Opposition in dem Landtage beruhigte sich bei dieser Bescheidung
nicht. Den 26. April brachte der Abgeordnete Freiherr v. Vincke
eine von 137 Mitgliedern des Landtags unterzeichnete Erklärung
ein, welche eine specielle Aufstellung der Punkte enthièlt, von
welchen behauptet wurde, sie seien mit den älteren, die Landes-
vertretung betreffenden, gesetzlichen Bestimmungen nicht in
Uebereinstimmung. Zu der hierüber beantragten Beschlussfassung
des Landtags kam es nicht, weil die Herrenkurie in dem Antrage
nur eine Wiederaufnahme der beendigten Adressdebatte fand und
die Berathung daher verweigerte. Der Inhalt der Erklärung kam
dagegen in der Kurie der drei Stände im Anschluss an zahlreiche,
die Änderung der ständischen Gesetzgebung betreffende Petitionen,
zur Verhandlung und Beschlussnahme. Insbesondere ging letztere
auf Berufung des vereinigten Landtags von zwei zu zwei Jahren,
Wegfall der Ausschüsse, Erweiterung des Erfordernisses ständischer
Zustimmung zu Staatsanleihen auf alle Verwaltungsschulden,
Ausdehnung des Zustimmungs-Erfordernisses zu Einführung oder
Erhöhung von Steuern auf Steuergesetze jeder Art, Bestätigung
der bestehenden Gesetze über die Rechtsverhältnisse der Domänen
und Ausschluss einer Änderung der ständischen Gesetze ohne
Zustimmung des Provinziallandtags. Die Herrenkurie schloss sich
dem Antrage auf Periodicität des vereinigten Landtags an, jedoch
ohne eine Zeitbestimmung vorzuschlagen.

Dass diese kleinen Concessionen die Agitation nicht beruhigten,
sondern steigerten, versteht sich von selbst, und zwar war es nicht

ausschliesslich die politische, sondern auch die kirchliche Opposition, welche höher anschwoll und bei der Suspension des Predigers Uhlich in Magdeburg ihren prägnantesten Ausdruck fand. Die Hauptschwierigkeit für den König lag eben darin, dass Er nach Seiner Grundanschauung die Ansprüche der constitutionellen Opposition nur in beschränktem Maasse anerkennen konnte und doch auf der anderen Seite mit Sich darüber im Klaren war, dass berechtigte Wünsche der Nation vorhanden und zu berücksichtigen seien, denen nur durch übereinstimmendes Handeln, wozu es einer wesentlichen Reform des Bundesrechtes bedurfte, genügt werden könne. Diese Aufgabe zu lösen war der Zweck einer Denkschrift vom 20. November, in welcher der General v. Radowitz die Ideen des Königs dem Bundestage, natürlich ohne Erfolg, vorlegte.

Je entschiedener wir unsererseits der Grundanschauung des Königs beistimmen und deren Wiederaufnahme als das einzig wirksame Heilmittel in dem Auflösungsprocesse der heutigen Staatsgesellschaft betrachten, um so mehr bedauern wir es, dass man damals, ebenso wie heute, grade an dem Stande vorüberging, welcher nicht allein der Berücksichtigung am meisten bedurfte, sondern auch am lautesten an die Thür pochte und dessen Rückhalt allein die liberale Opposition in den Stand setzte, ihren an sich ohnmächtigen Bestrebungen einen thatsächlichen Nachdruck zu geben. Es war dies ein Hauptfehler, der sich in der weiteren Entwickelung um so mehr fühlbar machte, als die vormärzliche Epoche mit einem allgemeinen Nothstande abschloss und zu der politischen Unzufriedenheit der Bourgeoisie sich die sociale Unzufriedenheit der Masse der Bevölkerung gesellte.

Da es ausserhalb unsres Zweckes liegt, eine eingehendere Darstellung der zur Genüge bekannten März-Ereignisse und ihrer Vorgängerin in Frankreich zu liefern, so beschränken wir uns hier auf die charakteristischen Züge, welche die Person des Königs Selbst berühren und welche bis dahin vielfach im falschen Lichte dargestellt worden sind.

Unter dem 3. December 1847 waren die vereinigten ständischen Ausschüsse zum 17. Januar 1848 einberufen worden, um den

Entwurf eines neuen Strafgesetzbuches zu berathen. Die Ausstellungen der Opposition in dem Ausschusse verlängerten die Verhandlungen so sehr, dass ihrer Beendigung die unerwartete Nachricht von dem Ausbruche der französischen Februar-Revolution zuvorkam. Den 25. Februar hatte man die ersten Mittheilungen über die Vorgänge bis zum Abend des 23. Februar erhalten, die Abendblätter am 28. Februar setzten die Proklamation der Republik ausser Zweifel. Unter dem Eindruck dieser Neuigkeiten erfolgte, nachdem der Entwurf in drei und dreissig Sitzungen durchberathen war, den 6. März die Verabschiedung der Ausschüsse durch den König Selbst, der in Seiner Thronrede erklärte, die dem vereinigten Ausschusse ertheilte Periodicität auf den vereinigten Landtag übertragen und die Wirksamkeit des Ausschusses in entsprechender Weise beschränken zu wollen. Den Hauptinhalt der Rede bildete die Hinweisung auf die Ereignisse, durch welche die Ordnung Europas mit einer Erschütterung in ihren Grundvesten bedroht werde, der Ausdruck des Vertrauens zu dem Volke, wenn Ehre und Pflicht es gebieten würden, die Gefahren des Krieges einem unehrenvollen Frieden vorzuziehen.

Am 14. März 1848 hatte der König den vereinigten Landtag zum 27. April nach Berlin berufen, um an den Maassregeln mitzuwirken, welche im Verein mit den übrigen deutschen Bundesgenossen zum Wohle des deutschen Vaterlandes zu ergreifen seien. Näher erklärte eine Proklamation vom 18. März, veranlasst durch die in Wien ausgebrochene Empörung, die Absichten des Königs zu Herbeiführung einer Reorganisation der Bundesverfassung mit der gleichzeitigen Weisung an das Staatsministerium, die Einberufung des vereinigten Landtages schon zum 2. April zu bewirken.

Um die Handlungsweise des Königs richtig zu verstehen, darf man nicht ausser Acht lassen, dass damals für Ihn eine wirkliche Empörung des preussischen Volkes ein durchaus unfassbarer Gedanke war; dass Er die Emeute als eine sich auf der Oberfläche bewegende Nachäffung der französischen Revolution betrachtete, bei welcher gewisse polnische Agitatoren zur Befreiung

ihrer in Berlin im Gefängniss befindlichen Compatrioten die Hand
mit im Spiele hätten und dass, abgesehen von einer noch nicht
näher definirten socialen Unzufriedenheit in der Masse der
Bevölkerung, diese Auffassung eine durchaus berechtigte war.
Bekanntlich befand der König beim Ausbruch der Bewegung sich
noch in Potsdam und übersiedelte nach Berlin erst, nachdem die
revolutionäre Orgie auch in Wien begonnen hatte, indem Er dabei
bemerkte; „Ich muss nur machen, dass Ich nach Berlin komme,
sonst machen sie Mir dort auch Dummheiten."

Leider wurden diese Dummheiten doch gemacht und zwar
zunächst Seitens des damaligen Ministeriums, welches den ersten
Grundsatz aller Regierungen verleugnete, dass man nämlich niemals
mit einem aufrührerischen Volkshaufen verhandeln und sich mit
Beseitigung vorhandener Uebelstände erst alsdann beschäftigen
darf, wenn Ruhe und Ordnung wiederhergestellt sind und die
entsprechende Legislatur nicht mehr als das Resultat eines
äusseren Zwanges, sondern als die Frucht gesetzgeberischer Einsicht
erscheint. Ebenso wird die militärische Action dadurch zur Genüge
charakterisirt, dass man zuerst blind und dann mit halber Ladung
schoss und dass man den Kampf abbrach, als die Niederlage der
Emeute bereits vollendet war.*)

Die tumultuarischen Auftritte in und vor dem Schlosse, die
Balconscene und den vielbesprochenen Kaiserritt glauben wir am
besten mit Stillschweigen zu übergehen. Um was es sich dabei
für uns handelt ist, es psychologisch dem Verständniss näher
zu bringen, wie es möglich war, dass der König in diesen Momenten
so gänzlich von seinem Genius verlassen erscheinen konnte. Furcht
in dem gewöhnlichen Sinne kannte der König nicht, und dass
derselbe die Gesammtanschauung Seines früheren Lebens plötzlich
über Bord geworfen haben sollte, ist ebenfalls eine unstatthafte
Voraussetzung. Die Gemüthsstimmung des Königs ist eben nur

---

*) Bekanntlich hat sich damals der Berliner Witz vielfach damit
beschäftigt, dass unter dem Schreiben „An meine lieben Berliner" eine Granate
sass; doch war das Fehlerhafte nicht die Granate, sondern der darüber sitzende
Brief.

dann zu verstehen, wenn man von der Annahme ausgeht, dass derselbe nach Seiner individuellen religiösen Stellung das Schriftwort auf Sich anwandte: Sie haben nicht Dich, sondern Mich verworfen, und dass er Sich mit David beschied: Der Herr hat es ihnen geheissen. Dazu kam das Gefühl, als ob Ihm seine bisherige thatsächliche Basis vollständig unter den Füssen fortgezogen sei; als ob Er einem unbekannten Etwas gegenüberstände: als ob Alles um Ihn her den Kopf verloren habe und als ob es sich darum handle ganz von Neuem anzufangen und mit frischen Kräften zu arbeiten. Was Wunder, wenn unter diesen Umständen der König eine Zeit lang Sich Selbst und Anderen als ein gebrochener Mann erschien, wenn Er Angesichts der Zertrümmerung Seiner bisherigen Ideale der beginnenden Entwickelung einen Augenblick scheinbar rathlos gegenüberstand: wenn sich inmitten der allgemeinen Unsicherheit und Verwirrung auch bei Ihm hier und da eine gewisse Vermischung von gestern und morgen, von patriarchalem und verfassungsmässigem Königthum bemerkbar machte. Wer sich ohne Schuld fühlt, der werfe den ersten Stein auf Ihn!

Ein König ist auch ein Mensch und König nur in und mit der Gesammtheit seines Volks, und es kam in jenen Tagen für das Königthum Alles darauf an, die lebendige Wechselwirkung mit dem Volke nicht zu verlieren und den Heilungsprocess, der alsbald begann, nicht zu stören oder unzeitig zu unterbrechen, und wir sagen nicht zu viel, wenn wir behaupten, dass dies auch die Erwägungen gewesen sind, welche die ferneren Schritte des Königs geleitet haben.

Um wenigstens die Continuität der Entwickelung festzuhalten, trat der vereinigte Landtag noch einmal am 2. April zusammen. Unter seinem Beirath und mit seiner Zustimmung — gegen zwei dissentirende Stimmen: des Herrn v. Thodden-Trieglaf und des Herrn v. Bismarck-Schönhausen — erging die Verordnung vom 6. April, das sogenannte Sechsparagraphen-Gesetz über einige Grundlagen der künftigen preussischen Verfassung, das allerdings recht bedenkliche Dinge enthielt. Diesem folgt am 8. April ein Wahlgesetz für eine Versammlung, welche die künftige Verfassung des Staates mit der Krone vereinbaren sollte. Die früher verheissenen breiten, alle Interessen umfassenden Grundlagen entwickelten sich hier, gegen die ursprüngliche Absicht, zu einem unterschiedslosen, auf Kopfzahl gegründeten Wahlsystem, wie es scheint in der Hoffnung, dass je freier für den ausserordentlichen Zweck die Auswahl sei, desto sicherer durch Verständigung für die Zukunft jedes volle Interesse an der Vertretung den ihm zukommenden Antheil erhalten werde. Nachdem der König in Person die durch Patent vom 13. Mai berufene Versammlung eröffnet hatte, wurde dieser auf Grund einer königlichen Botschaft vom 20. Mai der Entwurf einer Verfassung für den preussischen Staat zur Berathung mitgetheilt.

Der Verlauf dieser Berathung ist bekannt. Die aus Frankreich frisch importirte Theorie der Volkssouveränetät hatte die Köpfe benebelt und die Herzen verwirrt. Man plätscherte so zu sagen, in den Wogen der Revolution, man freute sich an ihren Schaumspritzen, doch hatte man bald den Eindruck, eine Versammlung grosser Kinder vor sich zu haben, die selbst nicht wussten, was sie wollten, und bei deren Berathungen die Bestrebungen der Bourgeoisie und der arbeitenden Klassen noch bunt durcheinander gingen. Da die conservative Partei in dieser Versammlung sowohl quantitativ als qualitativ überaus schwach vertreten war, auch ein nicht geringer Theil der Conservativen vom Tage vorher theils die Flinte geradezu in das Korn warf, theils nichts Besseres wusste, als entweder zu schmollen oder auf mechanische Reaction zu recurriren, so war die Stellung des Königs, der allein den festen Punkt bildete, eine überaus schwierige.

Selbstverständlich war der Verbrauch an sogenannten März-ministern ein sehr starker, doch war andererseits die Lust Minister zu werden auch so gross und die Art und Weise, wie man es wurde, so einfach, dass dessen ungeachtet ein Mangel nicht eintrat. Auf den Grafen Arnim, welcher der Revolution immer einen Schritt voraus sein wollte und sie darüber ganz aus dem Auge verlor, folgte alsbald das Ministerium Camphausen-Hansemann mit dem Grafen Schwerin als Cultus- und dem Herrn

Bornemann, dem Vater des confiscirenden Jagdgesetzes, als Justiz-Minister. Zugleich erhielt der Hausminister Graf Stolberg, natür-lich mit seinem vollen Einverständniss, seine Entlassung. Wie überall, so ritten auch hier die Todten schnell. Die Verfassungs-Commission unter dem Vorsitze des Obertribunalsraths Waldeck beschloss den vorgelegten Verfassungs-Entwurf vollständig um-zuarbeiten und die zur Vereinbarung der Verfassung berufene Versammlung als Constituante auftreten zu lassen. Mit diesem revolutionären Gebahren der Volksvertreter ging die Emeute auf der Strasse, welche in der Übergabe und Plünderung des Zeug-hauses ihren Höhepunkt erreichte, Hand in Hand, und wenn auch ein Antrag Berends, „in Anerkennung der Revolution zu erklären, dass die Barrikadenkämpfer vom 18. März sich um das Vaterland wohl verdient gemacht hätten." noch durch Tagesordnung erledigt wurde, so war doch kein Zweifel mehr darüber, dass die Minister bereits die Zügel aus der Hand verloren hatten und dass die Volksvertretung führer- und steuerlos auf den Wogen der Revolution einhertrieb.

Den 26. Juni trat an die Stelle des bisherigen Ministeriums ein neues unter dem Vorsitze von Auerswalds, Bruders des ab-getretenen Ministers v. Auerswald, ausser ersterem bestehend aus Hansemann (Finanzen), Roth v. Schreckenstein (Krieg), Milde (Handel), Rodbertus (Cultus), Märker (Justiz), Kühlwetter (Inneres), Gierke (Ackerbau). Rodbertus trat schon nach einigen Tagen aus; die Cultus-Angelegenheiten wurden von dem Director v. Ladenberg wahrgenommen. Bei der Bildung dieses Ministeriums war man bereits dahin gelangt, die Minister arithmetisch, das heisst nach der Zahl der Stimmen, über welche sie vermeintlich verfügten, auszuwählen, und einzelne Ernennungen waren so überraschend, dass die Frau eines Neuen, als er ihr seine Ernennung mittheilte, eilends nach Berlin kam, weil sie glaubte, ihr Mann habe den Verstand verloren.

Inzwischen hatte man beschlossen, dass der Kriegsminister durch einen allgemeinen Erlass die Officiere von reactionären Bestrebungen abmahne und dass man den Officieren von entgegengesetzter politischer Überzeugung den Austritt aus der Armee zur Ehrenpflicht mache. Das ging denn doch selbst diesem Ministerium, welches sich bei seinem Amtsantritt zu einer verblümten Anerkennung der Revolution herbeigelassen hatte, zu weit und es forderte am 9. September seine Entlassung. In der Pause verlegte die Volksvertretung ihren Sitz aus der Singakademie in das Schauspielhaus, und zwar hauptsächlich aus dem Grunde, weil der grosse Platz des Gensdarmenmarktes besonders geeignet war, grössere Volksaufläufe in Scene zu setzen und so von Aussen her auf die Versammlung einzuwirken. Es war dies, wie wir uns damals persönlich überzeugten, ein billiges Vergnügen und kostete genau hundert Thaler und drei Fässer Schnaps, je ein Thaler an hundert Vertrauensmänner, welche an verschiedenen Punkten des Platzes vertheilt waren, um die jedesmalige Parole zu rufen, und der Schnaps zur Anfeuerung des Enthusiasmus.

Nach dem Waffenstillstande zu Malmö waren die von dem dänischen Kriege abberufenen Truppen in die Gegend von Berlin verlegt worden. Der zum Oberbefehlshaber in den Marken ernannte General v. Wrangel hatte durch Armeebefehl vom 17. September das Einschreiten des Militärs bei weiteren Ruhestörungen angekündigt. Ein den 21. September gebildetes neues Ministerium: General v. Pfuel, Ministerpräsident und Kriegsminister, Eichmann Inneres, v. Bonin Finanzen, Graf Dönhoff Auswärtiges, bald darauf Kisker Justiz, entsprach nicht der Erwartung und seine Leichenrede war damals, dass es in der „Theetasse des Herrn Jung ertrunken" sei. Während nach vollen fünf Monaten, den 12. October, die Versammlung ihr Hauptgeschäft, die Berathung der Verfassungs-Urkunde, anfing, kam es zwischen der Bürgerwehr und dem niederen Volke, welches man, um es ruhig zu erhalten, mit Canalarbeiten beschäftigt hatte, den 16. October zu einem Strassenkampfe, der mehrere Menschenleben kostete. Die Aufrührer hatten die Unverschämtheit, bei der Versammlung Bestattung der Todten auf öffentliche Kosten und Entschädigung für entbehrten Lohn zu beantragen. Von dem Volke belagert, beschloss die Versammlung den 18. October Überweisung dieser Petition an den Justizminister.

Die Versammlung, welche bei dem Anfang der Verfassungs-
Berathungen sich so weit vergessen hatte, dem König den Titel
„von Gottes Gnaden" entziehen zu wollen, liess sich von ihren Selbst-
Überhebungen durch die ernsten Worte, welche der König an die
Deputation richtete, die ihm am 15. Oktober den Glückwunsch zu
seinem Geburtstagsfeste darbrachte, nicht zu gemässigteren
Beschlüssen bewegen. Nachdem der bisherige Präsident Grabow
den 26. October einen unmotivirten Anlass ergriffen hatte, sein
Präsidium niederzulegen, trat man den 30. October unter dem
Vorsitze des neu gewählten Präsidenten v. Unruh in die Berathung
der sogenannten Grundrechte ein. Man beschloss zu Art. 4 Abschaffung des Adels, der Orden und aller Titel, die nicht
Bezeichnung eines wirklichen Amtes seien. Weiter ist man in
dem Verfassungswerke, welches abwechselnd mit einem Gesetzes-
entwurfe über die Belastungen des Grundbesitzes berathen wurde
nicht gediehen. Ein den 27. October gehaltener Demokraten-
Congress vermehrte die Erhitzung der Köpfe bis zu dem Grade,
dass der von der Bürgerwehr nicht abgehaltene Pöbel den 31. October
bis in die Nacht hinein die Versammlung drohend belagerte, um
von ihr zu erzwingen, dass, einem von dem Obertribunalsrath
Waldeck gestellten Antrage entsprechend, die Aufforderung an das
Ministerium beschlossen würde, mit allen Mitteln der in Wien
bedrohten Volksfreiheit zu Hilfe zu eilen.

So lange hatte der König ruhig zugewartet und mit gutem
Vorbedacht die Revolution auch ihre materiellen Consequenzen
ziehen lassen, weil Er genau wusste, dass die grosse träge Masse,
welche sich so gern die „Conservativen" nennt, auf diesem Gebiet
am gefühlvollsten ist und dass selbige an dieser wunden Stelle
berührt werden müsse, um sie zu einem thätigen Widerstande
gegen die Revolution aufzustacheln. Insbesondere war es die un-
entgeltliche Aufhebung der Jagdberechtigungen, deren Genehmigung
man dem Könige zum Vorwurf machte, obschon Er Sich dabei
ausdrücklich die künftige Entschädigung aus Staatsmitteln, vorbehielt
und zwar geschah dies mit einer sittlichen Entrüstung über die
Verletzung der Heiligkeit des Eigenthums, die sich keineswegs

in demselben Maasse bemerklich gemacht hatte, als die Ent-
christlichung des Staates, das Streichen des „von Gottes Gnaden"
und die Konfiskation der unveräusserlichen und unentbehrlichen
Rechte der Krone in Frage standen. Wir haben damals in der
Redaction der Kreuzzeitung unmittelbar nach jenem „Schnitt in das
Fleisch" das Anwachsen unserer Gefolgschaft zahlenmässig verfolgen
und constatiren können, dass unser Auftreten fortan auch in solchen
Kreisen Anklang fand, in denen man sich bis dahin damit getröstet
hatte, dass es doch irgendwie werden müsse. Ebenso hatten die
chronischen, wenn auch nicht grade gefährlichen Emeuten und das
Zurückgehen von Handel und Verkehr die erfreuliche Wirkung, den
„gesattelten Esel" — wie Arnold Ruge das grosse passive
Philisterium zu nennen pflegte — dem Regierungs-Reiter geneigter
zu machen und die „Zipfelmütze des wohlgesinnten Hausbesitzers"
nach dem Pol „Ruhe" zu richten.

Die Thätigkeit des Königs während dieser Zeit war eine
geradezu bewunderungswürdige. Es war nicht selten, Ihn ganze
Nächte hindurch am Arbeitstische zu finden, denn es bedurfte in
der That Seiner ganzen Arbeitskraft und Intelligenz, um Sich
über den Dingen zu erhalten. Man wird dies noch besser verstehen,
wenn wir hier die Andeutung einfliessen lassen, dass schon damals
die Anstrengungen begannen, den König zur Verletzung Seines
königlichen Wortes und zur Zurücknahme der gemachten Verheissungen zu bestimmen.

Den 2. November ging der Versammlung eine Benach-
richtigung durch den Ministerpräsidenten zu, der General Graf
Brandenburg sei mit der Bildung eines neuen Ministeriums beauf-
tragt. Der weitere Verlauf dieser Angelegenheit, die Bildung eines
neuen Ministeriums, welches anfänglich ausser dem Grafen
Brandenburg als Präsidenten aus den Ministern v. Manteuffel für
das Innere, v. Strotha für den Krieg, v. Ladenberg für den Cultus
bestand; die mit Vertagung bis zum 27. November verbundene
Verlegung der Versammlung nach Brandenburg; das eigenmächtige
Forttagen eines Theils der Versammlung in Berlin bis zu ihrer
Entfernung aus dem Schauspielhause durch den General v. Wrangel;

4*

der über Berlin verhängte Belagerungszustand, die Vertreibung der Abgeordneten, welche versuchten ihre Thätigkeit fortzusetzen, den 13. und 15. November aus dem Schützenhause; der Steuerverweigerungs - Beschluss an letzterem Tage in dem Saale bei Mielentz, die Entwaffnung der Bürgerwehr; die vergeblichen Bemühungen der conservativen Mitglieder der Versammlung, unter dem Alterspräsidenten v. Brünneck in Brandenburg beschlussfähig zu werden und die den 7. December erfolgte Auflösung der Versammlung ist zur Genüge bekannt. Zur Würdigung der damals herrschenden Aufregung und Verwirrung dürfte es nicht ohne Interesse sein, dass ein Mitglied der Redaction der Kreuzzeitung, das sonst ein sehr bekanntes Gesicht hatte, die letzten Sitzungen des Club Unruh als octroyirter Abgeordneter mitmachte, ohne dabei irgendwie behelligt zu werden.

Die Bürgerwehr hatte im Gegensatz zu Frankreich, wo die Nationalgarde Trägerin der Revolution geworden und bis in die neuere Zeit geblieben war, niemals rechte Wurzel zu fassen vermocht. Der militärische Sinn des preussischen Volkes sträubte sich gegen diese Spielerei und so wurde dieselbe ohne Sang und Klang zu Grabe getragen, das Gesetz, welches man mühsam zu Stande gebracht, befriedigte Niemanden und wir erinnern uns noch der Procession, als man mit einem Esel, dem man das Gesetz an den Schwanz gebunden, durch die Strassen Berlins zog und. dazu den Gesang erschallen liess: Een Esel hat et fortgedragen — Wat werden nu die Andern sagen?

Mit dem Beschlusse, die Versammlung aufzulösen, wurden gleichzeitig unter dem 5. und 6. December eine provisorische Verfassungs-Urkunde sowie Wahlgesetze für die erste und zweite Kammer erlassen, die zum Zwecke einer Revision der Verfassungs-Urkunde auf den 26. Februar 1849 einberufen wurden. Bei Eröffnung der Versammlung hatte Graf Arnim das Ministerum des Auswärtigen und Herr v. Rabe das Finanzministerium übernommen; das Justizministerium wurde demnächst dem Herrn Simons übertragen.

Die Ablehnung der in Frankfurt beschlossenen deutschen Reichsverfassung und der auf Grund derselben dem Könige. angetragenen Kaiserwürde rief in der Zweiten Kammer eine zweitägige Debatte über den Antrag des Abgeordneten v. Vincke hervor, an den König eine Adresse über die Lage der Verhältnisse zu richten. Nach dessen Verwerfung stellte Rodbertus den 13. April den Antrag, unter Missbilligung von Vereinbarungsversuchen die rechtsverbindliche Zustandekunft der Frankfurter Verfassung auszusprechen. Waldeck forderte die Aufhebung des über Berlin verhängten Belagerungszustandes. Die Kammer nahm den 25. April einen Verbesserungsantrag des Abgeordneten v. Unruh an, die Maassregel für ungesetzlich zu erklären. Die Antwort auf die beschlossene Aufforderung des Ministeriums, sofort den Belagerungszustand aufzuheben, war den 27. April die Auflösung der Zweiten und die Vertagung der Ersten Kammer.

Den 30. Mai erging eine Verordnung, welche das allgemeine Wahlrecht zum Hause der Abgeordneten durch Einführung eines Vermögenscensus nach drei Steuerklassen zu ermässigen suchte. Demokratische Zusammenkünfte, welche dagegen protestirten, zu Köthen den 11. Juni, zu Frankfurt a. d. O. den 17. Juni, zu Königsberg den 30. Juni, hinderten nicht die Zustandekunft der Neuwahlen, für welche sich die Demokratie zum Heil des Landes der Theilnahme enthielt. So kam nach Wiedereröffnung der Kammern am 7. August die Berathung der provisorischen Verfassung in Gang. Sie wurde in dem Laufe des Jahres zu Ende geführt. Ungünstig für das Ergebniss war die gleichzeitige deutsche Unionsangelegenheit, indem den Bestimmungen der Frankfurter Reichsverfassung, welche nach dem Dreikönigsbündniss zur Grundlage des Entwurfs einer Reichsverfassung unter Preussens Vorstandschaft gedient hatte, eine zu grosse Berücksichtigung zu Theil wurde. Den 17. December kam die Vereinigung beider Kammern über einen revidirten Entwurf zu Stande, welcher der königlichen Staatsregierung überreicht wurde. Eine königliche Botschaft vom 7. Januar gab einzelne Bedenken zur nochmaligen Erwägung. Die meisten wurden mehr oder minder für den Augenblick anscheinend

befriedigend erledigt. Die grösste Schwierigkeit machte die verlangte
· Abänderung der Bestimmungen über die künftige Bildung der
Ersten Kammer. Ein Vermittlungsvorschlag des Grafen v. Arnim,
die Ausführung der Verfassungsvorschriften über die Bildung
der Ersten Kammer bis zu dem · 7. August 1852 auszusetzen,
fand Annahme und hatte den 31. Januar die königliche Sanction
des revidirten Verfassungsgesetzes zur Folge, welches den 6. Februar
1850 in dem Rittersaal des königlichen Schlosses von dem Könige
und den Kammern, und zwar von dem Könige ausdrücklich auf
Hoffnung beschworen wurde.

Bevor der König aber den Eid auf die Verfassung leistete
wurden von den verschiedensten Seiten und zwar nicht blos von
Innen, sondern auch von Aussen, alle Hebel angesetzt, um das
ganze Verfassungswerk rückgängig zu machen und zu der alten
Regierungsform zurückzukehren. Der König blieb jedoch fest,
und zwar nicht allein um desswillen, weil er den Rückhalt, welchen
Ihm der Vereinigte Landtag und die Bureaukratie zu gewähren
vermochten, im Jahre 1848 zur Genüge kennen gelernt hatte,
sondern noch mehr, weil Ihm seine Wahrheitsliebe und aufrichtige
Religiösität verboten mit Seinem Worte zu spielen und weil Er
Sich nicht der Gefahr aussetzen wollte, das Vertrauen Seines
Volkes zu verscherzen. Wir dürfen uns auf das Zeugniss der
höchsten Autoritäten im Volke berufen, wenn wir hierbei die Thatsache constatiren, dass es nicht die vielverschrieenen „Pietisten und
Revolutionäre" waren, welche den König zu einem Verfassungsbruche
drängten, dass man vielmehr äusserst überrascht sein würde, wenn
wir uns herbeilassen wollten, die betreffenden Namen zu nennen.
Im Gegentheil gebührt das Hauptverdienst, diese in ihren Consequenzen unabsehbare Calamität von unserm Vaterlande abgewendet
zu haben, dem von uns bereits wiederholt genannten Freiherrn
Senfft von Pilsach, dessen betreffender Schriftwechsel mit dem Könige
uns vorgelegen hat, leider mit der Verpflichtung den Wortlaut desselben
zu verschweigen.

Von eben diesem Manne wurde auch der Fürst Bismarck
schon im August 1848 und später noch einmal im März 1854 als

Minister empfohlen, doch scheiterten diese Vorschläge an dem Widerspruche der damaligen nächsten Umgebung des Königs, indem man zuerst den Herrn v. Bismarck für zu unerfahren und unpopulär und gleichzeitig für einen Heisssporn hielt, und später aus dem Grunde, weil man den Herrn v. Manteuffel nicht fallen lassen wollte.

Parallel mit den preussischen Verfassungswirren gingen die
deutschen Verfassungskämpfe in Frankfurt a. M., doch
unterschied sich das deutsche Parlament dadurch von dem Berliner, dass
dort mehr Intelligenz, aber freilich auch mehr Doctrinarismus vertreten
war und dass dort, wo die damals mit dem französischen Constitutionalismus kokettireude preussische Bureaukratie nicht denselben
Einfluss übte wie in Berlin, ein grösseres Verständniss für die
socialen Forderungen zu Tage trat und insbesondere die Ansprüche
der Handwerker eine eben so sympathische wie sachverständige
Behandlung fanden, sodass das Studium der betreffenden Berichte
auch heute noch Jedermann empfohlen werden kann. Es ist desshalb auch nicht ganz erschöpfend, wenn Ranke sagt, dass in Frankfurt die liberale, in Berlin die radikale Fraction die Oberhand
gehabt. Thaten wie die Pöbel-Emeute und die Hinschlachtung
Auerswalds und Lichnowskis hat Berlin nicht zu verzeichnen
gehabt, und wir sprechen aus eigener Anschauung, wenn wir
behaupten, dass die Revolution in Süddeutschland überhaupt viel
weiter vorgeschritten war als in Preussen, dass dort namentlich
der Rückhalt fehlte, welchen die preussische Armee gewährte und
dass daher die Ordnung dort auch nur von Preussen aus wiederhergestellt werden konnte. In Berlin hatte eigentlich noch keine

Fraction die Oberhand und der Fehler hier bestand wesentlich darin, dass die Regierung eine zeitlang selbst nicht wusste, dass sie noch immer die Oberhand habe. Es trat dies besonders zu Tage, als man in Frankfurt die Unterordnung der preussischen Armee unter den mit dem bekannten „kühnen Griff" an die Spitze des deutschen Reichs gestellten Reichsverweser, der zugleich österreichischer Erzherzog war, zum Beschluss erbob, ein Beschluss, welchen das preussische Nationalgefühl nicht zu goutiren vermochte und mit dem desshalb der innere politische Umschwung begann.

Da Österreich sich inzwischen wieder gekräftigt und seine militärische wie sonstige Organisation in einer Weise ins Werk setzte, dass für das Frankfurter Parlament dort kein Platz blieb, so gelangte man endlich zu dem Beschluss, den König von Preussen als deutschen Kaiser zu proklamiren. Es war dies für den König eine ernste Versuchung, analog der, von welcher wir lesen: „Dies Alles will ich Dir geben, so Du niederfällst und mich anbetest," doch darf zu Seinem Ruhme gesagt werden, dass Er auch nicht einen Augenblick geschwankt und dass, wenn Er auch die Deputation, welche Ihm die Kaiserkrone überbringen sollte, freundlich und wohlwollend aufnahm, doch Seine Ablehnung eine kategorische und definitive war. Es widerstrebte Ihm, die Kaiserkrone aus den Händen der Revolution und einer Versammlung anzunehmen, deren Berechtigung zu einer solchen Wahl Er nicht anerkannte. Es war Ihm unmöglich, über die legitimen Rechte Seiner deutschen Mitfürsten einfach zur Tagesordnung überzugehen und Sein politischer Blick war scharf genug, um nicht zu übersehen, dass die gleichzeitige Annahme der für das Reich beschlossenen Verfassung den Werth jener Kaiserkrone fast auf Null reducire.

Dass der König mit dieser Ablehnung auch den Sinn Seines Volkes getroffen, dafür lieferte der Einzug der Kaiser-Deputation in Berlin einen sehr drastischen Beleg. Die Herren (Simson, von Vincke, v. Gagern, Hergenhahn), welche vom Potsdamer Bahnhofe mit Magistrats-Kutschen abgeholt wurden, hatten offenbar Jubel und Ovationen erwartet und fuhren desshalb die erste Strecke mit unbedecktem Haupte, wurden aber alsbald sehr unangenehm enttäuscht, als die Berliner Bevölkerung von ihnen gar keine Notiz nahm und sich nur über die Fuhrwerke lustig machte. Der altpreussische Patriotismus wollte eben kein Aufgehen Preussens in Deutschland, sondern verlangte gleichsam istinktiv eine Crystallisation Deutschlands um Preussen als den bewährten Kern.

Nicht Schwäche, sondern Charakterstärke und tiefe Selbsterkenntniss waren es auch, welche den König gelegentlich der Ablehnung der Kaiserkrone sagen liessen: „Wenn Ich Friedrich II. wäre, würde ich annehmen. Eine Rolle zu spielen, für welche Ich keinen inneren Beruf habe, dazu bin Ich nicht gemacht." Und der König hatte Recht. Seiner deutschen Politik haben wir es zu verdanken, dass Deutschland der Schwerpunkt Europas und der deutsche Kaiser der mächtigste Monarch ist. Was das Frankfurter Gewächs uns gebracht haben würde, das können wir am besten an dem flüchtigen Kaiserthum Cigaros I. — so wurde der Cölner Cigarrenhändler Franz Raveaux seinerzeit genannt — und an dem Embryo der deutschen Republik zu Stuttgart ermessen.

Sobald Preussen sich wieder auf sich selbst besonnen hatte, war es auch mit dem revolutionären Spuk bald zu Ende. Ein Paar preussische Bataillone brachten die Sache in Dresden wieder in Ordnung; man secundirte Bayern in der Pfalz und restaurirte den Grossherzog von Baden. Es machte sich dies Alles viel leichter, als man, in der noch immer grassirenden Überschätzung der Revolution und ihrer Kräfte, von Hause aus angenommen hatte, und es befestigte sich dabei in dem Könige der Gedanke als Reichsvicar zu fungiren und dem deutschen Volke wenigstens alles das zu gewähren, was von diesem Standpunkte aus möglich war. Von dem Feldmarschall Grafen Dohna wissen wir — wie dies auch Ranke bestätigt — dass Kaiser Nicolaus auch dem König von Preusen gegen seine inneren Feinde eine ähnliche Hilfe wie Österreich zu leisten gesonnen war. Um nicht eigenmächtig vorzuschreiten, wünschte er im Einverständniss mit den preussischen Royalisten und besonders einem preussischen Truppenkörper zu handeln; er hat dem commandirenden General von Ostpreussen, Grafen von Dohna, eine Eröffnung darüber gemacht. Der aber, obwohl alle Zeit russenfreundlich, ein Conservativer vom reinsten Wasser und voll von Mitgefühl für die bedrängte Lage des Königs, lehnte doch Alles ab; denn jeder durch fremde Truppen herbeigeführte Umschlag würde das Königthum in Preussen zu Grunde richten; besser, man habe Geduld mit der Revolution, wenn es denn auch werden möchte, wie es in England sei.

Es wird dies am besten die Schmähungen derjenigen widerlegen, welche die nächste Umgebung des Königs als absolutistische auf den Beistand Russlands speculirende Camarilla zu kennzeichnen liebten und die den König Selbst als mit Verfassungsbruchs- und Staatsstreichs-Gedanken beschäftigt wähnten. Man hatte in Preussen an dem Siegesberichte des Feldmarschalls Paskiewitsch über Ungarn genug.

Da die weitere Behandlung der deutschen Angelegenheiten bis auf einen gewissen Punkt mit der auswärtigen Politik überhaupt zusammenfällt, so kann dieselbe auch nur in diesem Zusammenhange richtig gewürdigt werden, doch liegt es ausserhalb der Tendenz und des Rahmens dieser Schrift, den zur Genüge bekannten historischen Verlauf der deutschen Einheitsbestrebungen ausführlicher darzustellen. Die letzte Phase dieser Bestrebungen war bekanntlich der engere Bund im Bunde, welchen man zunächst mit Sachsen und Hannover projectirte und dem man eine verfassungsmässige Gestaltung zu geben versuchte, durch welche die Hegemonie an Preussen gelangt sein würde. Die Hauptrolle hierbei spielte der General v. Radowitz, der auch auf eine kurze Zeit auswärtiger Minister wurde und dessen wesentlichster politischer Fehler es war, in einem gewissen idealen Schwunge die Realitäten zu übersehen und lieber mit unbenannten als mit benannten Zahlen zu rechnen. Man erzählte uns damals eine sehr charakteristische Anekdote aus einer Berathung bei dem Könige, an welcher ausser dem Herrn Radowitz auch der damalige Militärbevollmächtigte in St. Petersburg, General v. Rauch, ein besonderer Günstling des Kaisers Nicolaus, theilnahm. Nachdem Radowitz, dem es Ernst damit war, die Union nöthigenfalls mit Waffengewalt durchzusetzen, seine betreffenden Gründe auseinandergesetzt, schloss er mit dem pathetischen Ausruf: „Majestät, wir stehen wie Cäsar am Rubicon, wir müssen hinüber." „Nun," sagte der König zu Rauch, „was meinen Sie dazu?" „Majestät," entgegnete dieser, „ich kenne den Kerl den Cäsar nicht, ich weiss auch nicht was Rubicon ist; ich weiss aber, dass, wenn Cäsar ein verständiger Mann gewesen, er Ihnen das nicht gerathen haben würde, was Herr v. Radowitz vorschlägt." Der König lachte und damit war das Pathos erledigt. Dass Herr v. Rauch schliesslich Recht behielt und dass Herr v. Radowitz alsbald von der politischen Bühne überhaupt abtrat, ist bekannt.

Man hat damals wohl gesagt, dass der König diese Unions-Bestrebungen entweder gar nicht hätte einleiten dürfen oder dass Er selbige, einmal angefangen, auch um jeden Preis hätte hindurchführen müssen, doch kann nur politische Oberflächlichkeit und Unverstand eine solche Sprache führen. In den Augen des Königs waren die deutschen Einheits-Bestrebungen überhaupt Nichts als ein Versuch, der Rolle, welche Preussen in Deutschland thatsächlich zugefallen war, auch eine rechtliche verfassungsmässige Form zu verleihen, und dieser musste mit dem Augenblick und in dem Maasse seine Chancen verlieren, als die thatsächlichen Voraussetzungen fortfielen und die Bedingungen, von denen man ausgegangen war, nicht mehr existirten. Die Voraussetzungen aber waren einmal die Anarchie und Hilfslosigkeit in den kleinen und mittleren deutschen Staaten und die verfassungsmässigen und militärischen Zustände Österreichs, welche demselben jede Einmischung in die inneren Angelegenheiten Deutschlands unmöglich machten. Mit der Niederwerfung des ungarischen Aufstandes durch Russland und mit der Wiedererstarkung Österreichs war die Fortsetzung der sogenannten Unionspolitik einfach eine Unmöglichkeit geworden, da Österreich fest entschlossen war, seine bisherige Stellung in Deutschland zu behaupten; da die vermeintlichen Bundesgenossen sich alsbald als Gegner entpuppt haben würden; da Kaiser Nicolaus keinen Zweifel darüber gelassen hatte, dass er beim Ausbruche eines kriegerischen

Konflikts zwischen Preussen und Österreich auf Seiten des letzteren
stehen werde, und da die preusissche Armee, so vortrefflich sie auch
in sich sein mochte, doch nicht annähernd stark genug war, um
einen derartigen Kampf auf Leben und Tod mit Aussicht auf
Erfolg aufnehmen zu können. Anstatt den König und Seinen
damaligen Minister des Auswärtigen zu schmähen, sollte man denselben vielmehr danken, dass sie eine scheinbare Niederlage, die
Vereinbarung von Olmütz, einer wirklichen vorzogen und dadurch
die Chancen der Zukunft retteten. Ohne Olmütz kein einiges
mächtiges Deutschland, wie wir uns heute dessen erfreuen. Denn
der Rückschlag von dort war nicht allein die Geburtsstätte der
Reorganisation der preussischen Armee, sondern auch die lebendige
Quelle der Erkenntniss, dass die deutsche Einheit nicht durch
Gesangs- und Turnerfeste, auch nicht durch diplomatische und
parlamentarische Verhandlungen, sondern allein nach dem Recepte
des Fürsten Bismarck durch „Blut und Eisen" hergestellt und
gekittet werden könne und dass dabei die einstweilige Connivenz
Russlands von hohem, wenn nicht entscheidendem Werthe sei.
Wir verstehen es und wissen es zu würdigen, wenn man damals
jene Vereinbarung als eine Niederlage schmerzlich empfand; wir
können es aber nur als eine Gedankenlosigkeit oder als eine bös-
willige Verleumdung betrachten, wenn man auch heute noch, nachdem uns die Früchte jener Resignation in den Schooss gefallen
sind, diesen patriotischen Schmerz wieder aufzuwärmen und das
Andenken des Königs mit der Erinnerung daran zu beflecken
versucht. Oder weiss man etwa nicht, dass auch der Fürst
Bismarck eine ähnliche Umkehr in sich selbst vollzogen hat?! Was
würde man wohl gesagt haben, wenn der König damals seine
Unionspolitik forcirt hätte und als Geschlagener heimgekehrt wäre?
Unfähigkeit und Ideologie dürften wohl die mildesten Vorwürfe
gewesen sein. Man scheint es eben bereits vergessen zu haben,
dass wir noch in den sechziger Jahren, also nach Vollendung der
Reorganisation der Armee in Deutschland va banque gespielt haben;
dass es der vollen Hochherzigkeit Sr. Majestät des jetzt regierenden
Kaisers und der eminenten Befähigung Seiner höchsten Rathgeber

und Feldherren bedurfte, um den Kampf zum Siege hinauszuführen
und dass dies dessen ungeachtet nicht gelungen wäre, wenn die
übermächtige Diplomatie des Leiters unserer auswärtigen Politik
es nicht verstanden hätte, die Neutralität Frankreichs und Russlands
sicher zu stellen.

Es tritt hinzu, dass damals schon das politische Meteor
Louis Napoleon am politischen Himmel emporzusteigen begann
und dass das Wiedererwachen der Rheinbunds-Gedanken sowohl
auf Seiten des französischen Imperators wie auf Seiten einzelner
deutschen Fürsten leider keine blosse Einbildung war. Namen zu
nennen, würde heute nicht mehr an der Zeit sein. Es kam dem
Könige wahrlich nicht leicht an, den Kaiser der Franzosen
anzuerkennen, vielmehr war sein politischer Blick klar genug, um
sich nicht zu täuschen, dass das Wiederauftreten eines durch den
europäischen Areopag feierlich ausgeschlossenen Napoleoniden ein
unheilbarer Riss durch die Verträge sei, auf denen das Staaten-
system Europas beruhte, und dass daher das Kaiserreich nicht —
wie sein Träger versicherte — der Friede, sondern successiver
periodischer Krieg mit allen den Mächten sein werde, die seinen
Traditionen und Plänen entgegenstanden.

Bevor wir indess hierauf näher eingehen, wollen wir vorerst noch nachholen, was wir von der inneren Entwickelung Preussens bisher dahinten gelassen haben. Es handelt sich hierbei um die weitere Ausbildung unserer verfassungsmässigen Zustände, namentlich um die Bildung des Herrenhauses, welche auf der eigensten Initiative des Königs beruhte und bei welcher derselbe den doppelten Zweck verfolgte, einmal damit den Grund zu einer ständischen Vertretung zu legen und sodann, dem landsässigen Adel die ihm durch die Verfassungs-Urkunde entzogene politische Stellung in geeigneter Weise wieder zu gewähren. Dass man hiermit in den Anfängen sitzen geblieben, ist nicht die Schuld des Königs, sondern die Schuld derer, welche trotz aller inzwischen gemachten Erfahrungen auch heute noch nicht zu dem Entschlusse gelangen können auf jener Grundlage weiter zu bauen und so aus der Kopfzahlwahl wieder zu einer politischen Solidarität zu gelangen. Die einzige „Verbesserung", welche man inzwischen mit dem Herrenhause vorgenommen, ist der bekannte Pairsschub, welcher dessen Selbständigkeit gebrochen und dasselbe in einen mangelhaften Staatsrath verbureaukratisirt hat.

Allerdings war auch die ursprüngliche Schöpfung des Herrenhauses nicht tadel- und einwandfrei, doch war der Entwurf, wie er aus der Hand des Königs hervorgegangen, jedenfalls ein schlagender

Beweis, in wie sachverständiger Weise derselbe das historisch gegebene
Preussen zu würdigen und wie schonend er das lebendige Material
zu erhalten und zu verwenden wusste. Hier ist Nichts von Ideologie,
sondern Fleisch und Blut des geschichtlichen Preussen. Die
K. Verordnung vom 12. October 1854, durch welche die, demnächst
durch das Gesetz vom 30. Mai 1855 Herrenhaus genannte, Erste
Kammer in das Leben gerufen wurde, unterscheidet im § 1 drei
Klassen von Mitgliedern des Herrenhauses, 1. die grossjährigen
Prinzen des königlichen Hauses („welche Wir in die Erste Kammer
zu berufen Uns vorbehalten"), 2. die Mitglieder, welche mit
erblicher Berechtigung, 3. die Mitglieder, „welche auf Lebenszeit
von Uns berufen sind." Der § 2 bestimmte als mit erblicher
Berechtigung zur Ersten Kammer gehörend: 1. die Häupter der
fürstlichen Häuser von Hohenzollern-Hechingen und Hohenzollern-
Sigmaringen; 2. die nach der deutschen Bundesakte vom 8. Juni
1815 zur Standschaft berechtigten Häupter der vormaligen deutschen
reichsständischen Häuser in Preussen; 3. die übrigen nach der
Verordnung vom 3. Februar 1847 zur Herren-Curie des Vereinigten
Landtages berufenen Fürsten, Grafen und Herren. „Ausserdem",
schliesst der § 2 der Verordnung, „gehören mit erblicher Berechtigung
zur Ersten Kammer diejenigen Personen, welchen das erbliche Recht
auf Sitz und Stimme in der Ersten Kammer von Uns durch besondere
Verordnung verliehen wird. Das Recht hierzu wird in der durch
die Verleihungs-Urkunde festgesetzten Folge-Ordnung vererbt." Es
sagt alsdann der § 3 wörtlich: „Als Mitglieder auf Lebenszeit
wollen Wir berufen 1. Personen, welche Uns in Gemässheit der
folgenden Paragraphen präsentirt werden; 2. die Inhaber der vier
grossen Landesämter im Königreich Preussen; 3. einzelne Personen,
welche Wir aus besonderem Vertrauen ausersehen. Aus denselben
wollen Wir Kronsyndici bestellen, welchen Wir wichtige Rechts-
fragen zur Begutachtung vorlegen, ingleichen die Prüfung und
Erledigung rechtlicher Angelegenheiten des Hauses anvertrauen
werden." Dieses Präsentationsrecht wird dann im § 4 näher dahin
definirt: „Das Präsentationsrecht steht zu 1. den nach Unserer
Verordnung vom 3. Februar 1847 zur Herren-Curie des Vereinigten

Landtages berufeneu Stiftern; 2. dem für jede Provinz zu bildenden Verbande der darin mit Rittergütern angesessenen Grafen, für je einen zu Präsentirenden; 3. den Verbänden der durch ausgebreiteten Familienbesitz ausgezeichneten Geschlechter, welche Wir mit diesem Recht begnadigen; 4. den Verbänden des alten und des befestigten Grundbesitzes; 5. einer jeden Landes-Universität; 6. denjenigen Städten, welchen Wir dieses Recht besonders beilegen." § 5 der Verordnung bestimmt die Art der Repräsentation der Mitglieder aus den Kategorien 1, 5 und 6. Alsdann lautet § 6 der Verordnung wörtlich: „Die näheren reglementarischen Bestimmungen wegen Bildung der Verbände des alten und des befestigten Grundbesitzes — Landschaftsbezirke — und wegen Ausübung des Präsentationsrechtes werden von Uns erlassen." Das Reglement nun über die Wahl der von den Provinzial-Verbänden der Grafen sowie der für den alten und für den befestigten Grundbesitz zu repräsentirenden Mitglieder der Ersten Kammer ist gleichfalls vom 12. October 1854 datirt, also dem Wesen nach offenbar ein integrirender Theil der Gesetzeskraft habenden Verordnung vom 12. October; es enthält Instruktionen an die Oberpräsidenten Behufs Bildung der Landschaftsbezirke, fügt eine Nachweisung für die vorläufige Bildung dieser Bezirke bei und fährt dann kategorisch fort: „Für dieselben (d. h. für die Landschaftsbezirke, deren Bildung oder Abgränzung vorläufig bestimmt ist, also in ihren Gränzen abgeändert werden können) werden zur Präsentation gewählt: 1. in der Provinz Preussen 18, 2. Brandenburg 15, 3. Pommern 13, 4. Schlesien 18, 5. Posen 7, 6. Sachsen 10, 7. Westfalen 4, 8. Rheinland 5, zusammen 90. Schliesslich wird bestimmt, dass zum alten Grundbesitz nur solche Rittergüter zählen, die zur Zeit der Präsentation sich seit mindestens hundert Jahren im Besitze einer und derselben Familie befinden und dass die Wahl nur dann giltig ist, wenn an derselben wenigstens drei zur activen Wahl befähigte Rittergutsbesitzer theilgenommen haben. Die Zahl der Städte, welchen eine Vertretung zugestanden ist, ist auf neunundzwanzig normirt, nämlich Königsberg, Danzig, Thorn, Elbing; Stettin, Stralsund; Berlin, Potsdam, Brandenburg, Frankfurt a. O.; Magdeburg, Halle, Erfurt, Nordhausen, Mühlhausen; Breslau, Görlitz, Glogau; Posen, Bromberg; Münster, Dortmund; Köln, Aachen, Elberfeld Barmen, Krefeld, Düsseldorf, Koblenz, Trier.

Die erste Bresche in diese Körperschaft wurde bereits im Jahre 1860 gelegt, und zwar in zweifacher Weise, 1. indem man die Anzahl der mit Präsentationsrecht ausgestatteten Städte von 29 auf 34 (es kamen hinzu: Memel, Greifswald, Minden, Bonn, Barmen) erhöhte und ausserdem die 25 durch Allerhöchstes Vertrauen in das Herrenhaus berufenen Mitglieder auf einmal um achtzehn vermehrte (C. O. vom 29. Septr. 1860); 2. indem man nicht nur indirect, sondern auch direct dem Grundbesitze dadurch zu Leibe ging, dass man die Verbände des alten und befestigten Grundbesitzes, welchen nach § 4 No. 4 der Verordnung vom 12. October das Präsentationsrecht zustand und die zur Zeit in der Kammer noch unvertreten waren, weder zur Präsentation aufforderte, noch die präsentirten Mitglieder bestätigte. Der zweite Schlag geschah durch den Erlass vom 5. November 1861. Derselbe ändert § 4 No. 4 der Verordnung vom 12. October dahin ab, 1. dass er die Zahl der Landschaftsbezirke für den alten und befestigten Grundbesitz von 90 herabsetzt auf 41, 2. bestimmt, dass die Rittergüter, um wahlfähig zu sein, nur noch 50 Jahre im Besitze derselben Familie gewesen zu sein brauchten, 3. dass bei der Wahl mindestens 10 Berechtigte gegenwärtig sein müssen. Der dritte Eingriff war der Pairsschub zum Zwecke der Durchtreibung der neuen Verwaltungsgesetze.

Das jetzige Herrenhaus ist deshalb auch nicht mehr das Herrenhaus Friedrich Wilhelm IV., doch sind immerhin die leitenden Gedanken des Königs darin noch erkennbar. Was es nicht sein sollte, das war eine Erste Kammer oder Senat nach liberaler Schablone, welche selbst der leiseste Wind der Revolution von ihrer Stelle fegt, und was es sein sollte, das war ein wirkliches Oberhaus, zwar nach englischem Muster, aber nicht als Copie, sondern nach dem Maasse des vorhandenen preussischen Materials. Es ist bekannt, dass es seiner Zeit an erster Stelle die conservative Partei war, welche den Intentionen des Königs Widerstand leistete und zwar wesentlich aus dem Grunde, weil man damals die socialen und ständischen Gedanken des Königs nicht begriff und desshalb die Besorgniss hegte, dass die Sache schliesslich auf einen Senat nach der constitutionellen Schablone hinauslaufen würde. Die jungen conservativen Hähne hatten nämlich die Eierschalen des Absolutismus und des bureaukratischen Polizei-Regiments noch nicht abgestreift und waren in ihrer Mehrzahl absolut ausser Stande, die staatsmännische Behandlung der gesellschaftlichen Fragen von deren revolutionärer Kehrseite zu unterscheiden, obschon, oder vielleicht auch weil, es schon damals deutlich zu Tage trat, dass der wesentliche Inhalt der Bewegung von 48 ein socialer war. Freilich fehlte in jenen Tagen diese klare Erkenntniss auch den höchsten Rathgebern der Krone, sodass die sociale Behandlung der angeregten Fragen, welche namentlich in Betreff der Handwerkerfrage einen so erfreulichen und vielversprechenden Anlauf genommen hatte, demnächst wieder zu einem, in der Person des Herrn v. Hinckeldey culminirenden, Polizei-Regiment verkümmerte.

Was speciell das Herrenhaus anlangt, so mögen wir nicht in Abrede stellen, dass dabei von Hause aus eine gewisse Vermischung und Verwirrung der Begriffe und des Materials mituntergelaufen ist. In England wenigstens, welches man sich in Ansehung der Grundbegriffe eines Oberhauses zum Muster genommen hatte, ist man noch niemals auf den Gedanken verfallen, neben die Lords gewählte Vertreter gewisser grosser Städte zu setzen, vielmehr geht in England die Sonderung gerade dahin, Commonners, d. h. die Vertreter der Communen den Lords, d. h. den Vertretern ihres eigenen Besitzes und Rechtes, in dem Unterhause gegenüberzustellen. Ebenso hat man schon damals monirt, dass, während im englischen Unterhause, welches in der Hauptsache die Steuern bewilligt, die steuerzahlenden Communen sowie die Gentry den Ausschlag geben, diese Elemente in Preussen in das Herrenhaus gewiesen seien, während das steuerbewilligende Abgeordnetenhaus sich überwiegend aus den die Steuern verzehrenden Beamten und aus den mehr oder minder steuerfreien

Kapitalisten zusammensetze, eine Zusammensetzung, die es einigermassen erklärlich macht, dass der Kapitalismus seine relative
Steuerfreiheit so lange zu bewahren vermochte. Sehr richtig war
dagegen der Gedanke, die preussische Aristokratie, nach der Eigen-
thümlichkeit ihrer geschichtlichen Entwickelung, in dem Herrenhause familienweise vertreten zu lassen, und es ist daher doppelt
zu beklagen, dass man diesen Gedanken in dem Anfange der
sechsziger Jahre wieder rückgängig gemacht hat.

Was bei der Beurtheilung der Politik des Königs sonst noch in das Gewicht fällt, das ist Seine Haltung in den Verwickelungen des Krimkrieges, welche bekanntlich ihrer Zeit in ähnlicher Weise geschmäht wurde, wie das Compromiss von Olmütz, und die selbst einer der höchsten Diener der Krone als „Vatermord" zu brandmarken wagte, von der aber heute Jedermann anerkennt, dass sie die Vorbedingung für alle späteren Erfolge der preussischen Politik gewesen sei und dass sie allein es ermöglicht habe, für die demnächstige Auseinandersetzung mit Oesterreich die unentbehrliche Neutralität Russlands zu gewinnen.

Um diese Politik in das rechte Licht zu stellen, müssen wir vorweg den gangbaren Irrthum beseitigen, als ob der König einer gewissen — persönlich nicht ungerechtfertigten — Verstimmung gegen den Kaiser Nicolaus irgend einen Einfluss auf seine politische Stellung und Action gestattet hätte. Derselbe gab dem Kaiser Nicolaus Recht oder Unrecht je nachdem, empfand aber natürlich die brüske und unhöfliche Weise, in welcher jener sich über Ihn aussprach, und die oberlehnsherrliche Art, in welcher er sich um Seine Allianz bewarb, als eine persönliche Beleidigung, welchem Gefühle er bei Seinem lebhaften Temperament hie und da in erregterer Weise Ausdruck gab. Für Seine Handlungsweise hatte dies indess nur die Folge, dass Er die persönliche Verletzung sachlich in der Weise eines Christen zu vergelten bemüht war.

Gegen Frankreich und dessen Regierung war der König nicht allein verstimmt, sondern von dem tiefsten Misstrauen erfüllt, welches noch gesteigert wurde, als derselbe die Praktiken der französischen Diplomatie, welche später in dem bekannten Depeschendiebstahl culminirten, näher kennen lernte. Der politische Blick des Königs war scharf genug, um in dem Kaiser Napoleon von Anbeginn den revolutionären Störenfried Europas, den Vernichter der bestehenden Verträge und das grösste Hinderniss einer Consolidirung Deutschlands zu erkennen. Ihm lag deshalb auch von Hause aus Nichts ferner, als mit Frankreich nach irgend einer Richtung hin gemeinschaftliche Sache zu machen, und wenn es dessen ungeachtet beinahe gelungen wäre, Preussen, im Gegensatze zu Russland, mit in den Krieg zu verwickeln, so ist der Grund lediglich in dem damaligen Verhältniss Frankreichs zu England — dem sogenannten Bunde der Westmächte — zu suchen.

An England nämlich fesselten den König die stärksten Bande der Sympathie sowohl in politischer als in kirchlicher Beziehung, eine Sympathie, welche der zeitige Gesandte v. Bunsen in geschickter Weise zu steigern wusste, wobei selbiger durch die damals herrschende „öffentliche Meinung" nicht unwesentlich unterstützt wurde. Es wird nicht ohne Interesse sein, hierbei die nur Wenigen bekannte Thatsache zu constatiren, dass der Baron Senfft von Pilsach-Gramenz zu jener Zeit wiederum die Ernennung des Herrn von Bismarck-Schönhausen zum Minister des Auswärtigen auf das eifrigste betrieb, dass er aber damit an dem Widerstande zweier General-Adjutanten scheiterte, welche den entschiedensten Widerspruch erhoben, nicht weil sie den Herrn v. Bismarck nicht für qualificirt gehalten, sondern weil sie den Herrn v. Manteuffel nicht wollten fallen lassen.

Wesentlich erleichtert wurde dem Könige Sein Entschluss schliesslich dadurch, dass man auch in England sich allmälig dazu fortreissen liess, eine Sprache zu führen, welche Preussen bis auf einen gewissen Punkt als einen Vasallen der Westmächte erscheinen

liess und die sich auch in Bezug auf die Person des Königs von der
des Kaisers Nicolaus nicht wesentlich unterschied, ja dass man
dreist genug war, die Entscheidung des Königs von der anderen
Seite geradehin zu anticipiren. Es ist uns nicht gestattet, die
betreffenden Beweisstücke zu veröffentlichen, doch wird Jeder, der
sich dafür interessirt, in dem bekannten Briefwechsel des Prinz-
Gemahls von England genügende Beläge finden. Ausserdem war
Herr v. Bunsen darauf bedacht gewesen, seine Bestrebungen im
Interesse der Westmächte vorweg zu discontiren und sich von
den Westmächten territoriale Vergrösserungen und sonstige
Vortheile versprechen zu lassen, Abmachungen, welche dem Könige
in tiefster Seele zuwider waren und die deshalb die umgekehrte
Wirkung hatten, als welche der Unterhändler sich davon versprochen
hatte. Verschärft wurde diese Wirkung noch dadurch, dass man
in England fast so sprach, als ob Preussen vernünftiger Weise
überhaupt keine Wahl habe und nur durch die Kurzsichtigkeit
und Charakterlosigkeit seiner Staatsmänner hin und her geworfen
werde. Nichts desto weniger war die Sache hinter dem Rücken
des Königs so weit gediehen, dass sowohl Herr von Bunsen als
Herr v. Manteuffel die Neutralität bereits preisgegeben hatten und war
es hier wiederum der mit dem unbedingten Vertrauen des Königs
begnadigte Baron Senfft v. Pilsach, dessen Rath schliesslich noch
in letzter Stunde den Ausschlag gab und alle bisherigen Intriguen
zerstörte. Wir können dies aus eigener Wissenschaft bezeugen,
da wir die betreffende Correspondenz zwischen dem Könige und
Seinem vertrauten Rathgeber selbst in Händen gehabt haben, leider
mit der Ehrenpflicht, dieselbe weder ganz noch im Auszuge zu
veröffentlichen; doch ist dieselbe nachträglich drei hohen fürstlichen
Personen bekannt geworden. Wir freuen uns um so mehr, diese
Thatsache constatiren zu können, als der Baron Senfft von Pilsach
leider in vielen Beziehungen das Schicksal seines königlichen Herrn
getheilt hat und zu den bestverleumdeten Personen gezählt werden
darf. Die Motive, welche für die Endentscheidung den Ausschlag
gaben, waren einmal: die Reminiscenz an die alte gegen das
napoleonische Frankreich gerichtete Waffenbrüderschaft mit Russland

und an die Traditionen der allerdings sehr verblassten heiligen Allianz, sowie die Erinnerung an den eisernen Egoismus Englands, von welchem Preussen im Laufe seiner Entwickelung leider nur zu viel Proben erhalten hat. Ausserdem aber war man sich je länger desto mehr darüber klar geworden, dass die Interessen Preussens im Orient nicht von der Art waren, um die Westmächte ihre Kriegskosten aus den Knochen der preussischen Grenadiere herausschlagen zu lassen. Im Übrigen ist die gangbare Darstellung der Stellung Preussens zum Krimkriege ein neuer Beleg zu der alten Wahrheit, wie wenig zuverlässig die lediglich auf offiziellen Urkunden fussende Geschichtsschreibung ist, da hier wie überall die Hauptsache hinter den Coulissen spielte. „L'histoire c'est une fable convenue", sagte Napoleon I. und „Depuis plusieurs siècles", sagte der Graf de Maistre, „l'histoire n' est qu' une conspiration organisée contre la verité". Die Leute, welche die Geschichte machen, schreiben sie nicht, und die, welche sie schreiben, kennen sie nicht. Dass Preussen oder vielmehr Herr v. Manteuffel demnächst bei den Friedensverhandlungen in Paris eine nicht gerade beneidenswerthe Rolle spielte, war seine eigene Schuld, da die von ihm ursprünglich und spontan eingenommene falsche Stellung und deren verschiedene Wandlungen ihm nach und nach das Vertrauen aller Mächte entfremdet hatten.

Die fernere innere Entwickelung entsprach nur wenig den Wünschen des Königs, denn wenn es auch gelang, einzelne Fehler der früheren Gesetzgebung, namentlich auf dem Gebiete der Kreis- und Gemeinde-Ordnung, zu redressiren, so verlief doch die Haupt- sache in einem ziemlich unfruchtbaren Gegensatze zwischen gesteigerter Bureaukratie und falschem Constitutionalismus, der leider mit einer gewissen Versumpfung abschloss, für welche dem- nächst Jedermann die Verantwortung von sich wies. Man hatte es eben nicht verstanden, sich der socialen Frage in der rechten Weise zu bemächtigen und dadurch die Sympathien der Masse der Bevölkerung rege zu machen und für sich zu gewinnen.

Der Ausgang des Königs ist bekannt und glauben wir den- selben nicht besser characterisiren zu können als mit Seinen eigenen Worten: „Lang Leid, lang Leid", welches Ihm nur durch die Liebe und Aufopferung Seiner königlichen Gemahlin und durch die brüderliche und herzliche Fürsorge Seines Nachfolgers erleichtert und versüsst wurde und wobei Er Sich Selbst demüthig unter die gewaltige Hand Gottes beugte.

Da wir selbst über die letzten Tage des Königs weniger aus eigener Wissenschaft unterrichtet sind, so lassen wir einen Mann für uns sprechen, der in jenen Tagen überhaupt viel um Ihn und insbesondere in den letzten Augenblicken bei Ihm gewesen ist, den inzwischen auch entschlafenen Hof- und Domprediger Dr. Snethlage. Dieser sagt in seiner am offenen Sarge Sonntags den 6. Januar 1861 in Gegenwart der trauernden königlichen Familie gehaltenen Rede: „Drei Jahre und darüber währte das dunkle schwere Leiden des Königs, drei Jahre und darüber sass das trauernde Königspaar in seinem Schmerze und weinte. Aber war sie denn vergebens diese heisse Schmelzung im Ofen der Trübsal? Die schwere Zeit zwischen Furcht und Hoffnung hat im Stillen ihre Frucht getragen. Ihr Schweigen und Weinen war nicht ein trotziges oder verzagtes Klagen, kein Sichverzehren in Schmerzgefühlen. Ihre tiefbetrübte Seele hat sich da zum Herrn gefunden und stillen Umgang mit dem Herrn gepflogen." „Wir wollen nicht rühmen. Wir wollen das Eine nur sagen: „Er war ein König, der den Herrn gefürchtet und sein Volk geliebt, ein Edler vor Tausenden mit den erhabensten Fürstentugenden von Gott dem Lande geschenkt — und uns war er mehr. Er war ein Zeuge Gottes in einer Welt, die von jeher die Zeugen Gottes verkannt und verfolgt hat; Sein Ziel und seine Laufbahn verliert sich in die Wolke von Zeugen, deren die Welt nicht werth war."

Ausführlicher lässt derselbe sich vernehmen in seiner Predigt „Der König in seiner Krankheit," gehalten vor der Domgemeinde am 27. Januar 1761. Es heisst dort: „Das Bild, das wir von dem Könige aus den Tagen seiner Gesundheit und Kraft in uns tragen, ist das eines Edlen vor Tausenden, eines Königs, der mit den erhabensten Regententugenden und den glänzendsten Geistesgaben geschmückt, für einen höheren Schmuck es hielt, ein Mann nach dem Herzen Gottes zu sein und zu werden. Er hat den Charakter seiner Regierung gleich Anfangs in den Worten ausgesprochen und daran festgehalten: „Ich bitte Gott, den Lenker der Herzen, dass Er die Liebe des Volks, die Friedrich Wilhelm den Dritten in den Tagen der Gefahr getragen, ihm sein Alter erheitert und die Bitterkeit des Todes versüsst hat, auf mich, seinen Sohn und Nachfolger übergehen lasse, der ich mit Gott entschlossen bin in den Wegen des Vaters zu wandeln." Er hat mitten in einer gottentfremdeten Zeit den Muth gehabt, nicht nur in herkömmlicher Weise zur Vorsehung des Allerhöchsten, sondern zu dem wahrhaftigen, lebendigen Gott in Christo sich zu bekennen und von der Höhe seines Thrones herab vor seinem Volke und vor allen Völkern der Erde zu bezeugen: Ich und mein Haus wollen dem Herrn dienen. Er hat den noch grösseren Muth gehabt, als dies Bekenntniss Aergerniss und Anstoss erregte und es ihm nicht schwer geworden sein würde, bei der hinnehmenden Huld und Begabung, die ihm persönlich zu Gebote stand, durch Verschweigen und Zurückhalten alle Gemüther wieder zu gewinnen, die Schmach Christi für grösseren Reichthum zu halten als den Beifall und die Gunst der Menschen. Er hat zu einer Zeit, wo man meinte, die wankenden Throne und Altäre nur durch Gewalt und Niederhaltung schützen zu können, seinem Volke Gewissensfreiheit und geordnete bürgerliche Freiheit bewahrt. Er hat eine Kaiserkrone ausgeschlagen, weil Recht und Gerechtigkeit ihm höher standen als Glanz und Hoheit. Er hat das Recht seiner deutschen Mitfürsten geschützt und der Undank, die Verkennung, die er darüber erfuhr, hat ihm wohl wehe gethan, aber ihn nicht erbittert. Nicht leicht ist ein Fürst durch so viel herzzerreissende Erfahrungen, durch so viel niederbeugende Schickungen gegangen, nicht leicht sind über einen Fürsten so viele handgreifliche Lügen verbreitet, und von einem Geschlechte, das dahingegeben schien der Lüge zu glauben, geglaubt worden; aber unter allen persönlichen Schmerzen, unter allen bitteren Erfahrungen, die gerade seinem Herzen voll Liebe am wehesten thun mussten, liess er keinen Hass, keinen Argwohn, kein Misstrauen in sich aufkommen, keine Entfremdung, in der er sich von seinem Volke zurückgezogen hätte. Sein Volk, das von Gott ihm anvertraute Volk, blieb seine Sorge, der Gegenstand seiner Gedanken und Gebete. Die Wunden, die das Volk seinem Herzen geschlagen, er hatte sie bald vergeben, und wenn er ihrer gedachte, geschah es ohne Bitterkeit. Zeigte er später seinem Volke diese Wunden, so waren es nicht mehr blutende, es waren durch Gottes Tröstungen vernarbte Wunden. Und so ist er nicht, wie man wohl meint,

einem gebrochenen blutenden Herzen erlegen, nein, er hatte das
Leid im Glauben siegreich überwunden. Gedemüthigt unter
Gottes Hand, aber nicht entmuthigt, sehen wir ihn fortan unausgesetzt den Arbeiten seines hohen Berufs sich widmen und indem
er fortfährt dem Herrn die Ehre zu geben und seinen Namen zu
bekennen, geschieht es, dass die Lügen verstummen, dass seine
Gedanken, seine Absichten, seine Gesinnungen immer allgemeiner
anerkannt werden, dass seinem Glauben, seiner Treue, seiner Liebe
die Herzen immer vertrauender entgegenschlagen " „Da plötzlich
umzieht die herrliche Erscheinung ein tiefes Dunkel." „Wir sehen
dem Könige heute nach, nicht in dem schmerzlichen Bedauern,
dass so eine herrliche Erscheinung für sein Volk sich in Dunkel
verlor, sondern mit der Freude, dass des Königs eigenstes Wesen,
sein verborgenes Leben mit Gott, in diesem Dunkel um so deut-
licher und gewisser hervortrat und wir getrost uns ermahnen
können, sein Ende anzuschauen und seinem Glauben nachzufolgen.
In dem Ofen der Trübsal sollte sein Gold sich bewähren, im
heissen Feuer der Leiden sollte er seinem Volke auch ohne Worte
zurufen: Was allein bleibt, was allein gilt, was allein durchdringt
und aushilft zum ewigen Reiche, das ist Glaube, Hoffnung, Liebe."

„Als der König nach dem ersten schweren Anfall seiner
Krankheit aus langem bewusstlosen Zustande erwachte, wurde sein
erstes Erwachen an dem Aufschlagen seiner Augen und sein
wiederkehrendes Bewusstsein an dem Ausrufe bemerkbar: Gott
erbarme dich meiner! An dies Gebet knüpfte sich die erste
Hoffnung seines weiteren Erwachens, denn man durfte erwarten,
dass, wenn er überhaupt zum Bewusstsein erwache, er an der
Wurzel seines inneren Lebens, an seinem Verhältniss zu Gott
erwachen werde. Noch lag er meist in tiefem Schlummer und
nur in einzelnen Momenten trat ein Erwachen ein. Da in einem
dieser Momente hatte die Königin, die unausgesetzt an seinem
Lager weilte, den Muth — und wohl gehörte den Befürchtungen
einer bedenklichen Aufregung gegenüber Muth dazu — ihm den
Anfang des 116. Psalms laut vorzulesen in den Worten: „Das
ist mir lieb, dass der Herr meine Stimme und mein Flehen höret.

Stricke des Todes hatten mich umfangen und Angst der Hölle hatte mich betroffen, ich kam in Jammer und Noth; aber ich rief an den Namen des Herrn: o Herr errette meine Seele!" Der König richtete sich auf und hörte aufmerksam zu. Als sie dann fortfuhr: „Sei nun wieder zufrieden, meine Seele, denn der Herr thut dir Gutes; denn du hast meine Seele aus dem Tode gerissen, meinen Fuss vom Gleiten, mein Auge von den Thränen," da sagte er: Es ist genug, ich habe verstanden, ich danke dir. Von nun an las ihm die Königin täglich kurze Gebete aus den Psalmen vor, solche die, wie sie wusste, der König auch früher vorzugsweise geliebt hatte. Seine körperlichen und geistigen Kräfte nahmen täglich zu, nach seiner äusseren Erscheinung war er wieder gesund; was ihm fehlte, das war der richtige Ausdruck seiner Gedanken und über dem Suchen dieses Ausdrucks vergass er bei der Fülle seiner Gedanken, was er hatte sagen wollen. Er freute sich, seine alten Diener und Freunde wiederzusehen und beklagte, dass er ihnen nicht ganz ausdrücken könne, was seine Seele bewege. Die Königin verstand ihn am besten und wenn er sie als Dolmetscherin seiner Gedanken zur Seite hatte, war er beruhigt und zufrieden. Bald verlangte er auch geistlichen Zuspruch. Als ich zum ersten Male zu ihm gerufen wurde, trat der König mir mit den Worten entgegen; „Seien Sie mir ein Mann guter Botschaft! Was bringen Sie mir?" Obwohl der König mit unsicherem Ausdruck sprach, blieb mir doch durchaus kein Zweifel dass er mich vollständig verstehe. Er ergriff mit tiefer Bewegung das Wort, das ihm vorgehalten wurde: „So demüthiget euch unter die gewaltige Hand Gottes, dass Er euch erhöhe zu seiner Zeit." Er ging willig ein in den wunderbaren Rath Gottes, der solche Demüthigung und Prüfung über ihn verhänge; er fragte nach den Ursachen und Absichten dieses Verhängnisses und als ich zuletzt der Unruhe seines Herzens, in der er fragte,: „Wie lange?" mit den Worten Davids begegnete: Meine Seele ist stille zu Gott, der mir hilft, da redete er zu sich selbst und sprach: Meine Seele sei du stille zu Gott, der dir hilft."

„Anfangs war der Glaube, die Hoffnung, das Gebet des

Königs auf Genesung, auf völlige Genesung gerichtet. Sein von
Gott ihm anvertrautes Amt, seine Regierung, sein Haus, sein Volk,
die Ausführung so vieler grossartiger Gedanken für Staat und
Kirche, die seine Seele bewegt hatten und die ihm bei fort-
schreitender Besserung wieder zum Bewusstsein kamen, liessen
ihn voll unruhiger Sehnsucht auf Genesung hoffen." Im weiteren
Verlaufe wurde seine Seele stille zu Gott. „Wenn ich nur dich
habe, wenn du nur bei mir bist, sprach seine Seele, und seine
Resolution war unter allen Umständen: dennoch bleibe ich stets
an dir, denn du hältst mich an deiner rechten Hand, du leitest
mich nach deinem Rath und nimmst mich endlich mit Ehren an.
Das Wort des Herrn: Lass Dir an meiner Gnade genügen, war ihm
besonders tröstlich und sein Lieblingslied von dieser Zeit an war
das Lied: Ach bleib mit deiner Gnade u. s. w., das ihm die
Königin an jedem Abend vorbeten musste."

In der letzten dunkelsten Zeit des schweren Leidens des
Königs wurde ein Theil Seiner Glieder gelähmt und versagte auch
die Sprache mehr und mehr. Für den nur äusserlich Vorüber-
gehenden schienen in dieser Zeit Zeichen geistigen Lebens kaum
noch bemerkbar. Aber für den Näherstehenden war sein geistiges
Leben in Glauben, Hoffnung und Liebe unverkennbar. Ja, je
unkenntlicher ihn von aussen das Kreuz machte, das auf
ihm lag, desto heller glänzte unter den dunklen Trümmern
einer gebrochenen natürlichen Herrlichkeit, sein inwendiges
Leben für Alle, die einen Blick hatten für das Leben,
das aus Gott ist. Wer den stillen sonntäglichen Gottesdiensten in
Sanssouci beigewohnt hat, der wurde ergriffen von der regen Theilnahme des Königs und wie er, so lange das Wort und die freie
Bewegung der Glieder ihm noch einigermassen zu Gebote stand,
jeden einzelnen Theil des Gottesdienstes mit eigenthümlicher
Bezeugung seines Verständnisses und seiner Zustimmung begleitete.
Bei dem Sündenbekenntniss legte er mit tiefer Bewegung die
Hand auf seine Brust, bei der Absolution sprach er sein Amen.
Und bei den Fürbitten für die Königin, für sein Haus, sein Volk,
hob er beide Hände auf und weinte und stammelte seine Bitten."

„Wie sehr der König mit Gedanken an Tod und Auferstehung beschäftigt war in dieser Zeit, erkannten wir erst später, als das Testament des Königs „Wie ich bestattet sein will," bekannt wurde. Es wurde nun klar, warum der König sich so gern zur Friedenskirche fahren und an dem Punkt der Kirche halten liess, wo er sein und der Königin Begräbniss bestimmt hatte, und wesshalb er, wenn er auf seinem Rollstuhl die Terrasse in Sanssouci auf- und abfuhr, am liebsten an einer verborgenen Stelle derselben verweilte, wo nur die Friedenskirche sich dem Blicke darbietet. Hier war er still, ruhig, in sich versunken, kümmerte sich um seine Begleitung nicht, während er beim Umherfahren es gern hatte, wenn man mit ihm sprach und ihm erzählte."

Das Rührendste aber war das Verhältniss des Königs zur Königin und umgekehrt. „Inniger wohl und wahrer kann das Verhältniss nicht ausgesprochen werden, als es der König selbst in seinem bekannt gewordenen Testament ausgesprochen hat. Wenn der König traurig war in seiner Krankheit, die Königin wusste ihn am gewissesten aufzuheitern. Wenn die Königin noch fern war und Niemand ihre Nähe erkannte, hatte das Ohr des Königs sie schon erkannt und vernahm schon im dritten Zimmer das Rauschen ihres Kleides und horchte, bis sie kam. Wenn Einer ein Wort aus seinem Munde hervorlocken konnte, so war sie es. „Du hast den ganzen Tag noch kein Wort gesprochen", sagte sie einmal zu ihm, „bist du müde? traurig?" „Nein, stille bin ich", sagte er deutlich und vernehmlich. Seine Seele war stille zu Gott, der ihm half, und der Eindruck, den er in den letzten Monaten fast immer machte, war der der inneren Stille, des Friedens. Doch noch ein Zug, worin die Liebe des Königs zur Königin auf das ergreifendste sich kund that. Der König hatte schon lange kein Wort mehr gesprochen; es war in der letzten Zeit, die Zunge war wie gebunden. Da, auf einer der letzten Ausfahrten nach dem baierischen Hause: der König hatte mehrere Stunden fast theilnahmslos dagesessen und die Königin war im Begriff vorauszufahren. Noch einmal ging sie zum Könige, um von ihm Abschied zu nehmen. „Hast

Du denn kein Wort, kein Zeichen für mich?" fragte sie ihn bewegt. Er antwortete nicht, wiewohl er eben so bewegt schien. Auf wiederholte Frage keine Antwort. Schon will die Königin betrübt sich wegwenden. Da war es, als ob er alle seine Kräfte noch einmal zusammennähme, die Muskeln seines Gesichtes bewegten sich, er erhob sich vom Stuhle und laut und voll und deutlich rief er: „Meine theure, heissgeliebte Frau!" Es war fast sein letztes, deutlich und voll ausgesprochenes Wort".

Die mit Thränen säen, werden mit Freuden ernten!

Charlottenburg, am Tage der Verklärung J: Ch: i
6. August 1854.

Wie ich bestattet sein will.

† † †

Wenn Gott der Herr es giebt, dass ich meine irdische Laufbahn ruhig in der Heimath endige und wenn, um was ich Ihn auf Knieen und mit Inbrunst anflehe, die Königinn, meine heiss und ewiggeliebte Elise mich überlebt, so soll ihr dies Blatt, gleich nach meinem Tode übergeben werden. Was sie irgend daran ändert, soll befolgt werden, als stünde es hier geschrieben. Ihr Befehl soll mein Befehl sein, doch will ich einst an ihrer Seite ruhen, im selben Grabe, so nahe als möglich.

Sobald mein Tod durch die Ärzte bescheinigt ist, will ich, dass man meinen Leib wasche und öffne. Mein Herz soll in ein verhältnissmässig grosses Herz aus märkischem Granit gelegt und am Eingang der Gruft im Mausoläum zu Charlottenburg, (folglich zu den Füssen meiner königlichen Eltern) in den Fussboden eingemauert und von ihm bedeckt werden. — Meine Ruhestätte soll die Friedenskirche sein und zwar vor den Stufen, die zum heiligen Tisch führen, zwischen dem Marmor-Pult und dem Anfang der Sitzplätze, zur Linken (vom Altar zur Rechten) der Mittellinie des

c

Kirch-Schiffes, so, dass einst die Königin zu meiner Rechten ruht. Der bezeichnete Raum in ganzer Breite von unserm Kirchstuhl bis zum gegenübergelegenen, so wie der Streifen von da an, zwischen den Sitzplätzen der Gemeinde bis an die Säulen des Orgelchors soll (aus meinen hinterlassenen Mitteln) einfach, aber harmonirend mit dem Boden um den Heiligen Tisch — in Marmor — neu gepflastert werden. Gerade über meiner Ruhestätte, flach ohne Erhöhung über das Pflaster der Kirche, soll ein Oblongum in weissem Marmor (ähnlich der beiden Platten im Mausoläum zu Charlottenburg) angebracht werden, auf welchem in Metall, oben das Monogramm Christi, dann die Inschrift stehen soll:

„Hier ruht in Gott seinem Heilande, in Hoffnung einer seeligen Auferstehung und eines gnädigen Gerichtes, allein begründet auf das Verdienst Jesu Christi unsres Allerheiligsten Erlösers und Einigen Lebens: weyland u. s. w. u. s. w."

Bei meiner Bestattung soll es gerade gehalten werden wie bei der des hochseeligen Königs meines unvergesslichen Vaters. Und zwar im Dom zu Berlin, wenn ich in der Berliner Gegend sterbe, aber wenn ich in der Potsdamer Gegend sterbe: in der Friedens-Kirche unter Sanssouci.

Sobald mein Lebens-Ende ärztlich constatirt sein wird, sollen 150 Thlr. Gold an die Armen des Doms gesendet werden, wie ich solches nach meiner jedesmaligen Theilnahme am Hochheiligen Sacramente des Nacht-Mahls pflege. Eine gleiche Summe wird sodann an die andern Kirchen (für ihre Armen) übermacht, wo ich communizirt habe, nemlich: an die Friedens-Kirche, an die Erdmannsdorfer Dorfkirche, an die Stadtkirche zu Spandau, an die evangelische Dorfkirche zu Fischbach, und an die Armen der Kirche de l'oration zu Paris.

Um jedoch das Charakterbild des Königs zu vollenden, erübrigt uns noch nach dem alten Satz: Sage mir, mit wem du umgehst, und ich will dir sagen, wer Du bist, die nähere Umgebung desselben in kurzen Zügen zu schildern. In erster Linie stehen dabei, ausser den bereits genannten, diejenigen Personen, welche auch in Seinen letzten trüben Tagen um Ihn waren, nämlich der Justizminister Uhden, der Consistorial-Präsident Graf Voss und der frühere Kammergerichts-Präsident v. Kleist. Letzterer ein Jugendgespiele des Königs, der ebenfalls noch sehr jung die Freiheitskriege mitgefochten hatte*), war ein Edelmann von altem Schrot und Korn im besten Sinne des Worts, etwas steif, von eisernem selbstständigem Charakter, lauter wie Gold, der, trotz des Andringens des Königs selbst lieber seinen Posten quittirte, als im Widerspruch mit seiner politischen Überzeugung den damals von ihm geforderten Eid auf die Verfassung zu leisten. Er war für den König eine Art von Gewissensrath, wurde jedoch sonst, soviel wir wissen, nur in Privatangelegenheiten des Königs verwendet. Der Graf Voss war der Sohn des Ministers v. Voss, der sich des besonderen Vertrauens von Friedrich Wilhelm III. erfreute, und war schon zu dem Kronprinzen als vortragender Rath in eine Vertrauensstellung getreten.

---

*) Derselbe erzählte oft unter grosser Heiterkeit, dass er am dritten Tage der Leipziger Völkerschlacht, wo kaum noch ein Stück Brod zu beschaffen gewesen wäre, von seiner Mutter einen Brief erhalten, worin diese ihm den Rath ertheilt habe, des Morgens Hühnersuppe zu essen, das wäre so sehr gut gegen den Morgennebel.

6*

Da die Vermögensverhältnisse der Familie bei dem Tode des Ministers v. Voss nicht die glänzendsten waren, so blieben die Gebrüder v. Voss unvermählt und widmeten sich vor Allem der Aufgabe, den alten Glanz der Familie zu restauriren, was ihnen bekanntlich im reichsten Masse gelang, und zwar Seitens des Grafen Voss durchaus in der Weise eines grand seigneur*). Die Summen, welche er jährlich für kirchliche und Wohlthätigkeitszwecke ausgab, waren sehr bedeutend, wie er denn auch sein Gehalt als Consistorial-Präsident voll für kirchliche Zwecke verwendete. Die noch jetzt in grossem Segen wirkende Pastoral-Hilfsgesellschaft war sein Werk. Graf Voss war ein Mann von lauterstem Charakter und von reichstem Wissen, und haben wir selbst häufig Gelegenheit gehabt uns zu überzeugen, wie er selbst den gelehrtesten, juristischen und staatsrechtlichen Professoren an Detailkenntnissen überlegen war. Hierdurch wie durch die Nüchternheit seines ganzen Wesens war er besonders geeignet, die Ideale des Königs mit der Wirklichkeit zu vermitteln. Der Minister U h d e n , welcher zuerst Geheimer Kabinetsrath, dann Justizminister und schliesslich Chefpräsident des Obertribunals war, genoss das besondere Vertrauen Ihrer Majestät der Königin Elisabeth und übte dadurch einen doppelten Einfluss. Seine Treue und Hingebung waren bedingungslos und unzweifelhaft und verband er damit das Verdienst einer seltenen Bescheidenheit, sodass von ihm in der Öffentlichkeit weniger die Rede war, als jene Leistungen es verdient hätten. Ueber „Papa W r a n g e l" ist es nicht nöthig hier viele Worte zu machen. Was diesem die besondere Sympathie des Königs gewann, war neben seiner militärischen Tüchtigkeit und bewährten Tapferkeit der trockene Humor, der bei aller scheinbaren Rücksichtslosigkeit niemals die gebotenen Grenzen überschritt, sodass ihn selbst die auf diesem Gebiete bekanntlich sehr empfindliche Königin goutirte. Wrangel war ein Hofmann comme il faut, der

*) Es ist bekannt, dass der Vosssche Weinkeller den Vergleich mit dem königlichen nicht zu scheuen hatte, und jene kleinen Diners, bei denen der Grundsatz galt: nicht unter die Zahl der Grazien und nicht über die Zahl der Musen, waren berühmt. Laute sed tamen sobrie, characterisirte sie eine anerkannte Autorität.

seine privilegirte Stellung auch dazu benutzte, in der Form des Scherzes recht ernste Wahrheiten zu sagen. Die drei, welche dem König persönlich und gemüthlich am nächsten standen, waren und blieben jedoch der Graf Anton zu Stolberg - Wernigerode, der General von Gerlach und der Baron Senfft von Pilsach-Gramenz, von denen indess der erste noch vor dem König mit Tode abgegangen ist. Graf Anton, in unseren Augen das Ideal eines Edelmannes, ein geborener Grandseigneur, vornehm, aber eben um desswillen weder stolz noch hochmüthig, sondern von einer seltenen Einfachheit, die darin ihren Grund hatte, dass er seiner Stellung äusserlich und innerlich völlig sicher war, dabei von einer kindlichen und wahrhaft rührenden Frömmigkeit, sodass er sich nicht schämte, sein Abendgebet mit seinen sämmt- lichen Hausgenossen gemeinschaftlich auf den Knieen zu verrichten. Das Nichthalten eines gegebenen Wortes war für ihn ein unfass- barer Gedanke und bildete er um desswillen einen starken Halt gegen das Andringen namhafter Personen, welche eifrig bemüht waren, nach wieder eingetretener äusserer Ruhe, den König zu einem Wortbruch in Bezug auf die Verfassungs-Angelegenheiten zu verleiten. Sein Verhältniss zum König war nicht das eines Ministers, sondern eines Freundes. Sehr ähnlich war die Stellung des General- Adjutanten v. Gerlach, der bekanntlich dadurch seinen Tod fand, dass er einer bedenklichen Kopfrose ungeachtet trotz der heftigen Kälte seinem Könige die letzte Ehre erwies. Derselbe war nicht nur General-Adjutant, sondern Kabinets-Minister in partibus und hatte das Recht dem Könige die Wahrheit in jeder Form zu sagen, ein Recht, von welchem er in der ausgiebigsten Weise Gebrauch machte*). Der General v. Gerlach war ein eben so scharfsinniger als vielseitig gebildeter Mann, dem der König ein so unbedingtes

---

*) Dies musste selbst der Kaiser Nicolaus erfahren, welchem damals bekanntlich Niemand zu widersprechen wagte. Als dieser bei einem Besuche in Berlin den General fragte: „Gerlach, wie geht es Ihnen?" antwortet dieser: „Danke unterthänigst, Majestät, sehr gut." Nicolaus wollte ihn rectificiren und sagte: „Bei uns antwortet man nur: danke unterthänigst, Majestät," worauf Gerlach replicirte: „Und bei uns antwortet man, wie man gefragt wird." Man sieht, die sogenannten „Pietisten" in der Umgebung des Königs waren ganz dreiste Leute.

Vertrauen schenkte und einen so weiten Spielraum gewährte, dass
er dadurch bis auf einen gewissen Punkt von der Etiquette emancipirt
wurde. Es war nicht selten, dass Gerlach nach angestrengter
Tagesarbeit auf einer länger dauernden Soiree sanft entschlief,
was der König nie anders bemerkte, als dass Er lächelnd zu ihm
sagte: „Aber, Gerlach, schnarchen Sie doch nicht so". Der treue
Diener hat seinen königlichen Herrn nur wenige Tage überlebt.

Am stärksten, wenngleich am wenigsten äusserlich bemerkbar war der Einfluss des Freiherrrn Senfft von Pilsach auf
Gramenz, der damals, ohne jede amtliche Stellung und sich mit
Absicht von der Person des Königs möglichst fern haltend, besonders
dazu benutzt wurde, die persönlichsten Gedanken und Bestrebungen
des Königs ins Werk zu setzen und jene Aufträge mit einer
Geschicklichkeit und Vorsicht ausführte, dass der König zu ihm
sagen konnte: „Sie haben Mir niemals einen Verdruss gemacht."
Sein Scharfsinn und seine Energie waren sprichwörtlich, sodass
Schreiber dieses von Personen, mit denen selbiger zu thun hatte,
wiederholt die Äusserung vernommen hat: „Wir thun Alles, was
der Baron wünscht, jetzt immer auf der Stelle, weil wir wissen,
er lässt doch nicht nach." Seine intimsten Vertrauten waren der
Graf Anton zu Stolberg-Wernigerode und der Feldmarschall Graf
Dohna. — Die schriftlichen Berichte, welche er dem Könige
erstattete, waren nach Styl und Inhalt gleich mustergiltig, und
haben wir nur Einen kennen lernen, der ihm auf diesem Gebiete
überlegen war, wir meinen den Fürsten Bismarck. Der Ausspruch
des früheren Kabinetsraths v. Duesberg: „Alles in der Welt ist
Fassungssache" hat ja seine relative Wahrheit, und wir haben den
jüngst Entschlafenen noch auf seinem Todtenbett herzlich lachen
sehen, als wir ihm die Geschichte von dem Kalifen und seinen beiden
Traumdeutern erzählten*).

---

*) Der Kalif träumte nämlich, dass ihm alle Zähne aus dem Munde
fielen. Der erste Traumdeuter, den er rufen liess, sagte ihm: Wehe dir, Kalif,
alle deine Verwandten und Freunde werden vor dir sterben. Dieser wurde
gepeitscht und hinausgeworfen. Der Zweite sagte: Heil Dir, Beherrscher der
Gläubigen, Du wirst alle Deine Freunde und Verwandten überleben. Reich
beschenkt verliess Letzterer seinen Herrn.

Kurz vor seinem Ableben haben wir noch einmal Gelegenheit gehabt, von seiner Correspondenz und seinem gesammten Verkehr mit dem hochseligen Könige eingehend Kenntniss zu nehmen und haben darin die Bestätigung gefunden, nicht allein dass er in der uneigennützigsten und hingebendsten Weise seinem königlichen Herrn gedient, sondern auch dass in allen entscheidenden Momenten der Regierung des Königs sein Rath schliesslich der ausschlaggebende gewesen und dass Preussen dadurch vor „verhängnissvollen Verwickelungen" und „namenlosem Unglück" bewahrt geblieben ist. Die Correspondenz und das gesammte Verhältniss war ein solches, dass man zweifelhaft bleibt, wen es mehr ehrt, ob den Herrn oder den Diener. Länger als Jahresfrist an das Krankenlager gefesselt und zuletzt des freien Gebrauchs seiner Glieder fast beraubt, war sein Geist unausgesetzt thätig und vollkommen klar, die Gegenwart und deren Bedürfnisse richtig zu würdigen, und es war wahrhaft rührend wahrzunehmen, wie er trotz der hohen Freude, mit der es ihn erfüllte, seine frühere Thätigkeit demnächst auch von des jetzigen Kaisers Majestät anerkannt und gewürdigt zu sehen, dennoch daran festhielt, dieselbe in ihren Details der Vergessenheit zu übergeben und sich mit dem Bewusstsein der verschwiegenen Pflichterfüllung zu begnügen. Ueberhaupt konnte man an seinem Sterbebett lernen, dass seine Frömmigkeit eine feste und lautere gewesen und dass sein Character, der allerdings nicht Jedem offen lag und wegen der in ihm vorherrschenden Energie nicht Allen gleich sympathisch war, in dem Masse gewann, als man ihn und seine treibenden Grundgedanken näher kennen lernte.

Fassen wir hiernach das Lebens- und Characterbild des Königs noch einmal kurz zusammen, so ist es nicht unrichtig, wenn L. v. Ranke davon sagt: „Darin lag das eigenthümliche Geschick Friedrich Wilhelm IV., dass seine Handlungen in weite Ferne gewirkt haben, ohne ihm selbst Genugthuung zu verschaffen"; doch glauben wir hinzufügen zu müssen, dass der König Sich dieses Geschickes vollkommen bewusst war, dass es sich aber bei Ihm in Seinem gesammten Handeln und Wirken nicht um eine äussere, sondern um die innere Genugthuung handelte. Die Aufgabe und das Ziel, welches Er Sich Selbst gestellt, war: ein christlicher König in einem christlichen Staate zu sein. Hierauf war Alles zugeschnitten, diesem Endzwecke musste Alles dienen und man versteht die Gedanken und Handlungen nur halb, wenn man einen anderen Massstab an dieselben legt. Dabei war Seine Frömmigkeit nicht von jener scheuen und finsteren Art, welche den Witz ausschliesst und den Humor unterdrückt, vielmehr war Er wie einer der gebildetsten, so auch einer der witzigsten Männer Seines Reiches, und wenn auch nicht alle die Anekdoten, welche auf sein Conto geschrieben werden, authentisch sind, so bleibt doch immer noch eine stattliche Zahl, welche den funkensprühenden Geist zur Genüge characterisiren. Überhaupt lag dem

Könige jede Einseitigkeit fern, wie Er denn auch auf dem Gebiete
der Kunst keineswegs ausschliesslich die specifisch kirchliche und
christliche Kunst pflegte, sondern auch die weltlichen Zweige derselben in Architectur, Malerei und Sculptur zu ihrem Rechte
kommen liess, die Erstlinge einer nationalen Kunst erweckte und
mancherlei bis dahin cultivirten Geschmacklosigkeiten ein Ende
machte. Eine Geschmacklosigkeit wenigstens müssen wir es nennen,
wenn man die Helden des siebenjährigen Krieges so lange im
römischen Kostüm paradiren liess, eine Metamorphose, die keines-
falls geschmackvoller ist, als wenn man auf den Gedanken verfiele,
Julius Cäsar im Frack darzustellen.

Ebenso war es der weite religiöse und kirchliche Gesichtskreis des
Königs, welcher denselben in den Stand setzte, in Seiner Regierungsthätigkeit eine Stellung über den verschiedenen Confessionen und
Kirchen einzunehmen und speciell auch der katholischen Kirche
gerecht zu werden und deren eigenthümliche Charismata richtig
zu würdigen und zur Entfaltung gelangen zu lassen. Es würde
um den kirchlichen Frieden und um die dadurch bedingte Einig-
keit im deutschen Reiche besser bestellt sein, wenn man sich
entschliessen könnte zu jenen bewährten Grundsätzen zurückzukehren. Es ist nur der schuldige Tribut der Dankbarkeit, wenn
die Katholiken das Andenken des Königs so hoch in Ehren halten,
und es ist ein sehr natürliches Verlangen, wenn man allmählich
von allen Seiten die Rückkehr zu jenem während der ganzen
Regierungszeit des Königs ungetrübten Religionsfrieden ersehnt.
Die Stellung und Aufgabe des Königs war hier eine um so
schwierigere, als man bekanntlich vielfach bemüht war, Ihm die
Herzen Seiner evangelischen Unterthanen auch dadurch zu ent-
fremden, dass man Ihm Convertirungsgelüste unterschob und Ihn einer
ungerechtfertigten Parteinahme für die katholische Kirche anklagte,
Vorwürfe, welche vielleicht Niemandem gegenüber weniger berechtigt
waren als dem Könige, der das Gebiet der Kirchengeschichte und
Dogmatik gleichmässig beherrschte, dem Nichts ferner lag, als
einen Bruchtheil der christlichen Kirche mit dem anderen zu ver-
tauschen und der die Ermahnung des Apostel Paulus an die

Corinther (I. Cor. C. 1 V. 12 und 13) in dem Maasse ernsthaft nahm, dass Er um desswillen sogar ablehnen zu müssen glaubte, Sich als Lutheraner zu kennzeichnen. Eben um desswillen war auch Seine Stellung zur Union keineswegs eine negative, sondern eine eminent positive, getragen durch den Gedanken, dass man die Bedeutung und den Einfluss der evangelischen Kirche in dem Maasse schwäche und herabdrücke, als man dieselbe noch mehr zersplittere, dass es vielmehr darauf ankomme, alle Elemente, welche sich zu ihren Grundwahrheiten bekennen, zu railliren und zu gemeinsamem Wirken zu vereinigen, ja dass die Noth der Zeit es gebieterisch verlange, gegenüber der revolutionären, widerchristlichen Strömung auch die christliche Kirche als Gesammtheit mit Beiseitelassung alles Trennenden wenigstens für die zur Entscheidung drängenden Fragen, durch welche Alle gleichmässig bedroht würden, praktisch als Einheit auftreten zu lassen.

Anlangend den Grundgedanken Seiner auswärtigen Politik, so war dies, — wie schon angedeutet — das entschiedenste Misstrauen gegen die Napoleoniden. Interessant in dieser Beziehung ist es, dass der langjährige Freund des Königs, der verewigte General v. Gerlach, es liebte, Napoleon I. als „einen gutmüthigen, etwas dummen Kerl" zu kennzeichnen, eine Bezeichnung, die insofern eine Wahrheit hat, als derselbe in der That sein ganzes Leben hindurch für England gearbeitet hat. Es war dies auch die Ansicht Dietrich Heinrich v. Bülows, von Hause aus ein glühender Bewunderer Napoleons I., der aber doch bald zu der Ansicht gelangte, dass „der Weltfrieden in dem eroberten London geschlossen werden müsse" und dass ohne diesen Frieden der Kaiser den Continent „nur gequält, avilirt, durch Einfluss chikanirt habe, ohne ihn zu erobern, und ihn nur herabgewürdigt, um sein Volk zu beschäftigen und dasselbe von seinem häusslichen Elend zu distrahiren." Derselbe hat durch seine Chikanirung des Continents die Seeherrschaft Englands vollenden helfen. Dasselbe Urtheil traf auch den Neffen, denn ein so geschickter politischer Schachspieler er auch war und so gut er es seinem Oheim abgelernt hatte, den eigenen schlimmen Willen hinter der Maske der

Friedfertigkeit zu verstecken, alte Verbündete durch Misstrauen zu entzweien und in jeden Friedensvertrag den Keim neuer Zwistigkeiten niederzulegen, so vermochte er doch nicht eine selbstständige Politik zu treiben, sondern ist stets der Dupe Englands gewesen. Als es demselben daher gelang, aus Veranlassung der h. Grabfrage England und Oesterreich für einen Krieg gegen Russland als Alliirte zu gewinnen und als England selbst Drohungen nicht verschmähte, um Preussen mit in diesen Krieg hineinzusetzen, da durchschaute der König schliesslich ebensowohl den Charakter wie den voraussichtlichen Ausgang dieses Krieges, der eben darauf hinausging, Russland und Oesterreich möglichst unheilbar zu verfeinden und für sich die Möglichkeit einer russischen Allianz Preussen und resp. Deutschland gegenüber zu gewinnen.

Die tiefe Einsicht, welche die betreffenden Schritte des Königs bestimmte, wird heute von allen Seiten, auch dort, wo damals der entschiedenste Gegensatz gegen jene Politik vertreten wurde, bereitwilligst anerkannt, und geben wir uns um desswillen der Hoffnung hin, bald auch von Seiner Gesammtpolitik dasselbe sagen zu können. Wie von Allem, was an sich vortrefflich ist, so gilt auch von dieser Gesammtpolitik der alte Satz, dass man dieselbe um so höher schätzt, je näher man sie kennen lernt, und wir tragen kein Bedenken es unumwunden auszusprechen, dass wir schwerlich zu einer gesunden inneren Politik gelangen werden, bevor wir nicht wieder auf die Grundgedanken und Principien der Politik Friedrich Wilhelm IV. einlenken.

Es gereicht uns zur besonderen Befriedigung, dass Stahl den Character des Königs im Wesentlichen ähnlich auffasst wie wir und lassen wir als Belag noch einen kurzen Auszug aus der von ihm am 18. März 1861 im Evangelischen Verein zu Berlin gehaltenen Gedächtnissrede folgen. Es heisst dort: „Seine Majestät Friedrich Wilhelm IV. hatte von seinem erlauchten Vater den Ernst, die Hohenzoller'sche Pflichtstrenge und das königliche Bewusstsein, von seiner Mutter den erhabenen, begeisterten Aufschwung der Seele-Reinheit, Hoheit und ein Zug nach dem Idealen, das war der Stempel seiner Natur. Das Gemeine, ja das

Gewöhnliche lag tief unter ihm. Ein selten ausgedehntes Wissen, eine Bildung in Politik, Geschichte, Philosophie, Theologie und Kunst. mit der er auf der Höhe der Zeit stand, waren bei ihm getragen von dem Born der Ursprünglichkeit und Genialität. Er drang mit ahnender Erkenntniss in den inneren Grund der Dinge. Es war in seinen geistigen Anschauungen eine Wärme und ein Adel und eine künstlerische Schönheit, ihr Widerstrahl ist in den Einrichtungen, die er schuf, in den Lebensformen, mit denen er. sich umgab, und vor Allem in seiner unvergleichlichen plastischen Beredsamkeit. — Friedrich Wilhelm IV. war ein König von einer weltgeschichtlichen Mission. Es war sein Beruf, und er erkannte es als seinen Beruf, in einem Staate von europäischer Macht, dem Staate eines der gebildetsten Völker der Erde, auf der Höhe des Throns das Banner zu entfalten für die ewigen Wahrheiten des Glaubens und des Rechts wider den „verneinenden Geist der Zeit". Es wäre darum eine ungenügende Characteristik, wollte man den König als einen Contrerevolutionär, einen Conservativen, einen Restaurator bezeichnen. Diese engen Begriffe decken nicht seine reiche Gesinnung. Er war überhaupt nicht ein Parteimann, der unter fertigen Programmen sich für eines entschieden hat und nun dessen Sätze und Losungen zur Ausführung bringt. Schon das, womit er der Zeitbewegung entgegentrat, war nicht die Logik eines doctrinären Systems, sondern eine Fülle sittlicher Erkenntnisse und geschichtlicher Anschauungen. Aber er verschloss sich auch nicht gegen die Zeitbewegung selbst, er verkannte nicht die grossen Wahrheiten, die sie in ihren Irrthümern birgt, die wirklichen Ziele und Gebote der Zeit. Überdem hatte er einen schöpferischen Drang. Ihm that es nicht Genüge, das Überkommene zu bewahren, sondern aus dem Überkommenen herausbilden, das Erstorbene beleben, Neues gründen, allem Bildungstrieb zu Hilfe kommen, grosse Impulse geben, das war das Element, in dem er lebte." „Gerade dadurch aber, dass er das Ganze der gottgebotenen Ordnungen und sittlichen Güter erstrebte, war er der wahre Bannerträger wider den Abfall der Zeit. Wohl mochte ein anderer Herrscher mehr als er mit eisernem Willen die unum-

schränkte Fürstengewalt und die unverändert bestehende Ordnung
behaupten, die Empörungen der Völker niederschlagen, der Frei-
heitsbewegung den Fuss auf den Nacken setzen. Dennoch kam
auch solcher Herrscher dem Preussenkönig nicht gleich. Er war
der wahre Bannerträger wider den Abfall der Zeit, weil er den
Samen des Abfalls auch in den Sünden der Obrigkeit erkannte, in
dem eigenen schlechten Vorbild der Fürsten, in macchiavellistischer
Vergrösserungspolitik, in Niederhaltung geistigen Lebens, in bureaukratischer Vertrocknung, in hierarchischem Druck, welchen die
Kirche übt, in profanem Druck, der gegen die Kirche geübt wird.
Er war der wahre Bannerträger wider den Abfall der Zeit, weil er den
Kampf gegen ihn nicht für sein Königthum führte, sondern für das Reich
dessen, welcher der König der Könige ist." „Der König begann sein
Werk damit, dass er dem Meeresbrausen einer antichristlichen und
antimonarchischen öffentlichen Meinung sein doch nicht zu über-
hörendes königliches Zeugniss entgegensprach, sein Zeugniss „für
unsern göttlichen Heiland, Herrn und König," sein Zeugniss für
die Krone, die er „allein von Gott" trage, sein Zeugniss wider „die
Theilung der Souveränetät," wider „die Entgliederung der Gesell-
schaft," wider das „Blatt Papier, das sich zwischen Gott und das
Land als eine zweite Vorsehung eindrängt, um uns mit seinen
Paragraphen zu regieren und durch sie die alte heilige Treue zu
ersetzen." „Welcher Mensch dürfte sich rühmen, dass er wankel-
los gestanden haben würde, als Gottes Gerichte über die Erde
gingen und die sittliche Welt aus ihren Fugen war. Es ist auch
wohl zu beachten, dass die Stücke, in welchen der König nachgab,
nicht unmittelbar auf der untrüglichen Wahrheit der göttlichen
Offenbarung, sondern auf seinen eigenen menschlichen, wenn auch
noch so wohl begründeten Ueberzeugungen beruhten, und vielleicht
auch, dass die deutsch-nationale Losung des Aufstandes in seinem
Herzen einen Widerhall fand." „Bald darauf im November voll-
brachte er durch sein unbedingt ergebenes Heer und durch Diener
von „aufopfernder Treue" ihre vollständige Niederwerfung. Und
nun auf der Höhe des Sieges, im vollen Besitze der Gewalt blieb
er treu seiner Menschlichkeit und Milde, treu seinem ursprüng-

lichen Vorsatz, den Kampf der Zeit mit geistigen Waffen zu
führen, treu seiner christlichen Rechtschaffenheit, die Folgen
eigener That zu tragen, kein Wort zu brechen, wenn es nicht
wider das Recht oder wider das göttliche Gebot ging. Er übte
nicht Rache, kein Bluturtheil, keine Verletzung der Rechtsformen
haftet an seinem Triumph. Er entband sich nicht von der Zu-
sage, welche die widerrechtliche Erhebung ihm abgerungen. Es
ist ein Spiegel sorgfältiger Gewissenhaftigkeit in seiner Rede vor
dem Schwur auf die Verfassung, wie er die alte unvertilgbare
Pflicht gegen die geheiligten Ordnungen Gottes und die geschichtlichen Ordnungen seines Landes und die neu übernommene Pflicht
gegen das Werk „des thränenwerthen Jahres" untereinander ab-
wägt und in Einklang setzt und nur in diesem Einklang sie mit
seinem Eide bekräftigt. Dem König ward aber auch der Lohn,
dass er durch die geistigen Waffen wirklich überwand. Es wurden
in Preussen die umgestürzten Pfeiler monarchischer Ordnung
wieder aufgerichtet nicht so sehr durch die Gewalt des Königs als
durch die Treue gegen den König, sie wurden wieder aufgerichtet
nicht durch Bürgerblut und Verfolgung, sondern durch die Heraus-
stellung des Rechts und der Wahrheit im Kampfe der Geister.
Preussen gab das Beispiel einer Loyalität des Königs und einer
Loyalität der Nation, wie es in der Geschichte wenig Vorgänge hat.
„Die Ablehnung der Kaiserkrone mag ein wälscher Staatsmann
für das Aeusserste des Unverstandes halten. Auf der Wage des
ewigen Gerichts besteht sie als die erhabene That der Lauterkeit
und Weisheit und gerade der Treue für die deutsche Sache.
Er lehnte die Kaiserkrone ab, weil es nicht die „rechtmässige"
deutsche Kaiserkrone war. Er lehnte sie ab, weil es nicht die
wirkliche deutsche Kaiserkrone war, nicht die Krone der Gewalt
und Obrigkeit, sondern das „eiserne Halsband für den Leibeigenen
der Revolution." Es war Treue an der deutschen Nation, dass er
sie in der Ehrfurcht gegen geheiligte Rechte erhielt, welche der-
einst das Fundament der Herrlichkeit ihres tausendjährigen Reiches
gewesen. Es war Treue an der deutschen Nation, dass er die
Legitimität seiner preussischen Krone rein bewahrte, die selbst

ein Hort und Kleinod deutscher Nation ist". „Aber Olmütz,
Olmütz? Hat wirklich der Erbe des Throns Friedrich II. die Ehre
Preussens dahingegeben durch Demüthigung unter Oesterreich?
Wenn gleich von den zwei brennenden Fragen, für welche Preussen
in der Olmützer Stipulation nachgab, die eine der Verfolgung
längst nicht mehr fähig, die andere der Verfolgung kaum würdig
war, wenngleich auch Oesterreich seinerseits in dem Punkte der
freien Conferenzen nachgab, wenngleich an Macht und Recht nichts
eingebüsst war, so bleibt doch das stehen: Preussen gab an dem
Bundesstaate und was daran hing, einen Vorsatz auf, den es so
feierlich und so beharrlich verkündet hatte. Das wurde auch von
denen, die nicht Anhänger dieses Bundesstaates waren, schmerzlich
empfunden, am schmerzlichsten vom König. Die Entscheidung
war ihm nicht so leicht und einfach wie bei Ablehnung der
Kaiserkrone. Dennoch konnte und durfte er sie nicht anders
geben. Für Staaten gilt nicht der Ehrenpunkt wie für Edelleute.
Schon aus staatsmännischen Gründen durfte die Sache nicht auf
Krieg gestellt werden, da man halb Europa gegen sich und Niemand in Europa für sich hatte. Selbst ein Staatsmann, der kein
anderes Ziel im Auge gehabt hätte als die Nebenbuhlerschaft mit
Oesterreich musste für den Augenblick nachgeben und günstigeren
Zeitpunkt abwarten." „Der Höhepunkt dieses Abschnittes seiner
Regierung ist seine Haltung in der orientalischen Frage. Welch
ein Sturm der öffentlichen Meinung brach damals gegen ihn
los! Soweit wir aus seinen bekannten Gesinnungen schliessen
dürfen, war es gewiss nicht die Absicht des Königs, Russland zu Eroberungen zu verhelfen. Aber er wollte auch nicht
dem Interesse französischer Macht oder englischen Handels dienen,
wollte nicht an einem Kreuzzuge zum Schutze des Koran sich be-
theiligen und wollte vor Allem nicht dem Kriegsgeschrei einer
politischen Partei folgen, die in dem Fall Russlands nur ihren
eigenen Sieg erstrebte. Der König befand sich hier wieder, ähnlich wie bei der Ablehnung der Kaiserkrone, in der Wurzel seiner
eigensten Gesinnung und blieb deshalb heldenmüthig fest· gegen
den Sturm der öffentlichen Meinung und gegen das Drängen und

Drohen dreier Grossmächte. Er hat dadurch Preussen und Deutsch-
land bei dem kriegerischen Zusammenstoss des Westens und
Ostens Europas die Segnungen des Friedens erhalten, hat für zu-
künftige Ereignisse das Band unter den Ostmächten vor dem
völligen Bruch bewahrt, hat das Vertrauen der anderen deutschen
Regierungen zu Preussen, welches durch das ihm aufgedrängte
Programm tief erschüttert war, durch dieses sein eigenes Programm
wieder wesentlich hergestellt. Diese Neutralität, durch welche
Preussen als wirkliche Grossmacht selbstständig für die Geschicke
Europas bestimmend wurde, ist seine letzte grosse That auf dem
politischen Gebiete." Auf dem kirchlichen Gebiete ward sein Gang
durch die Revolution nur unterbrochen, nicht gestört. Von den
beiden ererbten Verwicklungen löste er die katholische sofort und
gleichsam mit einem Ruck. Nicht so die der Union. Auf der
einen Seite band ihn die Pietät an das väterliche Werk der Union;
aber anderseits lag Etwas zwischen ihm und den Lutheranern. Er
hatte einen Zug zu neuen kirchlichen Schöpfungen und einen Zug zu
einer grossen Weltverbindung unter dem ganzen Protestantismus,
aus dem auch seine Gunst für die Evangelische Allianz entsprang.
Das reiche Glaubensleben, das die Gnade Gottes in unseren Tagen
wieder erweckt hat, wuchs und gedieh unter seiner Pflege. Er
schirmte es wider die Anläufe, denen es jetzt in anderen deutschen
Landen zu erliegen in Gefahr ist. Er setzte das Bekenntniss
unseres heiligen Glaubens wieder in seine volle achtliche Geltung
mit milder, aber fester Hand. Er eröffnete den Gaben, die Gott
gewirkt, ihr Arbeitsfeld, berief die rechten Werkzeuge in das Pre-
digtamt und auf den Lehrstuhl. Er stellte das kirchliche Gesang-
buch wieder her gegen die Verfälschung und Verflachung des Unglaubens. Er führte die entchristlichte Volksschule und entchristlichte Schullehrerbildung wieder zurück auf den christlichen Boden.
Er kam dem Zug nach christlicher Liebesthätigkeit, der in unseren
Tagen die evangelische Kirche so mächtig ergriffen, zu Hilfe und
gründete ihr neue grossartige Anstalten, wie sie in der Geschichte
des Protestantismus ohne Vorgang sind. Instituten, die im Laufe
der Zeit völlig veräusserlicht und erstarrt waren, hauchte er einen

Odem christlichen Lebens ein und machte sie fruchtbar zu Werken der Liebe. Er gewährte der Kirche die äusseren Mittel; die Kirchen, die er baute und häufig selbst einweihte, sind ohne Zahl. Er stellte die verfallene christliche Ordnung und christliche Sitte wieder her, der Sonntag ist im Lande wieder geheiligt und der tiefgewurzelte Schade der Ehescheidungen minderte sich wenigstens vor seinem energischen Angriff. Er gab der evangelischen Kirche ihr ureignes kirchliches Regiment wieder." „Freiheit des religiösen Gewissens und Selbstständigkeit der Kirche gewährte er wie vielleicht nie ein König vor ihm und gewährte sie aus ureigenem Antrieb, noch im Vollbesitze der Gewalt, von dem Tage Seiner Thronbesteigung an, jedoch immer unbeschadet des Glaubensgehaltes und Bekenntnissbestandes der Kirche und der christlichen Staatsordnung. Er entband die katholischen Geistlichen von der Einsegnung gemischter Ehen, die evangelischen von der Einsegnung der Ehen Geschiedener. Er erliess der katholischen Kirche das Placet und die Überwachung des Verkehrs mit Rom, jenes hat kein katholischer Fürst vor ihm gethan. Er gab den von der Landeskirche getrennten Lutheranern die Generalconcession. Er gewährte selbst der Überzeugung des Unglaubens das, was wirklich eine Forderung des Gewissens für sie sein kann, den freien Austritt aus der Kirche ohne Einbusse der bürgerlichen Rechte. Insbesondere aber löste er das Kirchenregiment in der Landeskirche von weltlicher Gewaltsamkeit und bureaukratischer Verstockung. Er war als oberster Regierer der Kirche selbst immer eingedenk, dass die Kirche Gott mehr zu gehorchen hat, als den Menschen. Der geistliche Character, das Gepräge von Freiheit, Innerlichkeit, Salbung, welchen das Kirchenregiment von ihm empfing, steht als ein Musterbild im neueren Protestantismus. Das ist die Regierung Friedrich Wilhelm IV. Sie war nicht vom Glück getragen. Sie war der Lauf des christlichen Dulders. Sein Loos war Anfeindung, Verkennung, Verleumdung, war Undank von allen Seiten. Hat es ihm sein Volk genug gedankt, dem er die heiligsten Güter zu bewahren und die Institutionen der Freiheit zu begründen bestrebt war? Haben es ihm alle seine deutschen Mitfürsten genug gedankt, denen er ein Schirmer und Retter in der Noth, nicht aber ein widerrechtlicher Überwältiger sein wollte? Er hatte ausgesucht widrige Erlebnisse: die Empörung seines preussischen Volkes, deren Wunde wohl nie in seiner Seele vernarbt ist: die Feindschaft und der Übermuth Österreichs, das ihm in ungebrochener Macht gegenüberstand." „So hat er seine weltgeschichtliche Mission erfüllt, nicht in ihrer Vollkommenheit, aber in ihrer Wahrheit, . nicht im Siegeslauf, aber in Geduld und Beharrung, nicht in Schlachten wider Heeresmacht, aber in unerschütterlichem Muth gegen die ganze geistige Macht seines Zeitalters. Er hat sie erfüllt, von Gott gehalten in Schwächen als ein Starker, unter Niederlagen als ein Überwinder." So weit Stahl.

Als Epilog für den König wissen wir keinen besseren Text, als den Se. Majestät der Kaiser Allerhöchst Selbst zu der Gedächtniss-Predigt für Seinen königlichen Bruder ausgewählt hat:

Darum, wer Mich bekennet vor den Menschen, den will Ich bekennen vor Meinem himmlischen Vater!

Anhang.

König Friedrich Wilhelm IV. von Preussen an Bischof Gobat.

Sanssouci, 23. Juli 1851.

Verehrtester Herr Bischof! Ich benutze die Pilgerfahrt des Pfarrers von W. (unweit Potsdam), eines christlichen, mir näher bekannten Geistlichen, um eine altgewordene Schuld des Dankes für liebe und interessante Briefe und Mittheilungen von Ihnen aus heiligem Lande einigermaassen abzutragen. Den Überbringer dieses Blattes kann ich Ihnen empfehlen. Er hat aus einer Gemeinde, welcher Menschen voll sittlicher Gräuel als Pfarrer und Superintendent vorgestanden, aus einer ganz verwilderten Gemeinde eine gute, der christlichen Lehre ergebene gemacht. Darum will ich ihm wohl und habe seine Reise in den Orient begünstigt.

Haben Sie Zeit, verehrtester Bischof, mir durch L. oder eine andere Gelegenheit recht sicher zu schreiben, so fordere ich Sie dazu auf. Nach dem, was Pastor Fliedner mir über die Lage der Dinge um Sie her gesagt hat, scheint es, dass die von mir gefürchteten Einflüsse sich schon geltend machen, wider das

7*

evangelische Leben, welches sich im Schooss der alten, todten
Kirchen im heiligen Lande zu regen schien. Ich vertraue, dass Sie den
Muth nicht sinken lassen. Ihr Gedanke, aus jenen Kirchen kleine
evangelische Nazional-Kirchen zu sammeln und die zur Wahrheit
erweckten Griechen, Syrer, Kopten etc. etc. etc. nicht zu zwingen
anglikanisch, lutherisch oder schweitzerisch-reformirt zu werden,
ist ein herrlicher, von oben eingegebener und wahrhaft
„katholischer". Den dürfen Sie nicht fahren lassen. Durch das
angeregte Leben in den alten Kirchen werden Sie zwar Papst und
Kaiser in die Schranken rufen, oder Beide agiren wohl schon jetzt.
Der König aber, der über beide herrscht, wird mit Ihnen seyn.
Eine Nachricht hat mich besonders interessirt, weil ich grade in
der Zeit, um von unsäglichem Herzeleid auszuruhen, mich in den
wenigen Momenten der Musse in das Ritual der alten Kirchen
gestürzt hatte. Die Nachricht war nemlich die, dass Einer jener
Männer, die sich dem Evangelismus neigten, eine Evangelisirung
der Griechischen Liturgie unternommen hätte. Die Bemerkung,
die ich mich unterstehen wollte, Ihnen verehrtester Gobat, für den
Fall zu machen, dass jene Arbeit noch irgend einen Fortgang
haben sollte, gründet sich auf das bekannte Fragment von St.
Irenaeus über die Eucharistie.

In allen alten Liturgieen der alten Kirchen ist die Eucharistie
in der Communion und zwar, als Wiederholung des Einigen und
Ewigen Versöhn-Opfers, der unbestreitbare Mittelpunkt, gleichwie
in der päpstlichen Messe. Irenaeus belehrt uns 1. dass zu seiner
Zeit die Eucharistie, nach Anordnung der Apostel, dargebracht
wurde, 2. dass die Eucharistie „die geistige" und „darum reine"
Erfüllung des prophetischen Wortes sey, welches für die Zeit der Erfüllung die allgemeine und allortige Darbringung „reiner Speisopfer"
verkündigt, 3. dass diese Darbringung (dieses Opfer) das geistige
Opfer der Danksagung sey 4. dass das Opfer wesentlich getrennt
von Communion und Consecrazion war 5. dass dasselbe beiden
voranging, aber als wesentlicher und nothwendiger Theil des
Communion-Amtes. [Mir scheint es sogar als nothwendigste Vor-
bereitung auf das heilige Nachtmahl, nach der Stelle aus dem

Psalter „Wer Dank opfert, der preiset mich, und das ist der Weg, dass Ich ihm zeige das Heyl Gottes."] 6. dass das geistige Opfer der Eucharistie in dem Augenblick dargebracht wurde, wo die Elemente des Nachtmahls, Brodt und Wein, aus dem Besitze derer die sie beygesteuert, feyerlich in das ausschliessliche und ungetheilte Eigenthum Gottes überwiesen wurden.

Die Griechische Kirche machts bekanntlich wie die Juden mit ihrem Ritual. Sie schafft nie ein Tittelchen des Überkommenen ab, seys heilige Überlieferung oder Wust aus dunkeln Zeiten. Mich hatte schon lauge die ausserordentlich vornehme Stellung des Trisagion in ihrer Liturgie frappirt, denn es geht während dieses Hymnus nichts im „Heiligthum" vor, was die Wichtigkeit, mit der eingeleitet und mit Bezeichnung der Stimmen „der 4 Thiere" der Apocalypse vorgebetet wird, rechtfertigen könnte.

Jetzt bin ich zu der Überzeugung gekommen, dass das Trisagion den Ort bezeichnet, in welchem in der Urkirche das geistige Opfer der Eucharistie von der Gemeinde dargebracht wurde, dass das Dreymal-Heilig der Ausdruck des Unaussprechlichen ist, des tiefinnersten geistigen Dankes für so unermessliches ewiges Heil, wie die Erlösung und das Sacrament.

Da alle Hoffnung entschwunden ist, im protestantischen Abendland sowohl als in der Römischen Kirche das Offertorium und sein Complement, die Eucharistia, wieder im rechten Sinn und am rechten Orte des „Communion Service" zu sehen, so frag ich Sie, verehrtester Bischof, ob Ihre Überzengungen es Ihnen gestatten, bey Evangelisirnng der oriental: Liturgien, den Irenaeus in der Hand, diese Wiederherstellung des Ur Ritus vorzunehmen? Ich meine: Wer weiss, ob Gott es nicht zulässt, dass die gerechte Ergänzung der protestantischen Liturgien aus den evangelisirten Riten der alten Kirchen des Orients hervorgehe.

Ich fürchte, verehrtester Gobat, Sie werden mich für — — halten, dass ich es wage, mit solchen theologischen Bedenken vor einen Doctor der Theologie zu treten. Doch glauben Sie mir, Sie werden meine Hochachtung gegen Sie nur steigern, wenn Sie mir

in Ihrer Antwort tüchtig den Kopf waschen, und mich über meine
Ungereimtheiten oder gar Ketzereyen belehren wollen.

Ich bitte Gott aus tiefster Seele, dass Er das Werk Ihrer
Hände fördern und reichsten Segen auf Ihr Haupt und Alles was
Sie pflegen, ströhmen wolle. Gedenken Sie meiner in Ihrem Gebet!
Ich bin mit wahrster und geneigtester Hochachtung, verehrtester
Bischof

Ihr

ergebener Freund

Friedrich Wilhelm Rex.

König Friedrich Wilhelm IV. von Preussen an Bischof Gobat.

Potsdam 29. November 1851.

Verehrtester Bischof. Ich empfehle Ihnen den Ueberbringer
dieses Briefes, den Prediger V., einen Holsteiner, den der Frevel
der jetzigen revoluzionären Reg. Dänemarks aus seiner schles-
wigischen Pfarre vertrieben hat, welcher er in grossem Segen und
ohne sich je in politica zu mischen, vorgestanden hatte! —

Ich wünsche dass er in Ihrer Kirche von Jerusalem die
Seelsorge ihrer wenigen Mitglieder teutscher Nazion übernehme
und wünsche von Herzen, dass Sie, verehrtester Gobat, ihn zur
Zulassung dazu würdig finden mögen!

Nach Allem, was der wirkl. Geh. Rath Bunsen mir über das
heller- und billiger- ja christlicher-Werden der Begriffe in kirchlicher Hinsicht innerhalb der „3 Reiche" berichtet, wird hoffent-
lich eine neue Ordinazion nach anglicanischem Ritus bei V. nicht
gefordert werden. Er hat die Ordinazion von den Händen des
General-Superintendenten von Schleswig D. Nielsen (jetzt Gen.
Superint. von Eutin) empfangen. Bekanntlich werden aber die
General-Superintend: der beiden „teutschen" Herzogthümer in die
Episcopalen Dänemark den Bischöfen des Königreichs gleich-
gestellt und funczioniren als solche sogar bei der Königl. Salbung
und Krönung. Nach den Grundsätzen, welche bis ins 1. Jahr-

10. dieses Jahrhunderts noch volle Geltung in Englands Kirche hatten, scheint mir seiner Zulassung als Mitglied Ihrer Kirche, theuerster Gobat, und als Seelsorger unter Ihrer Disziplin kein Bedenken in den Weg zu treten. Ich habe mich· lange mit V. unterhalten und wenn ich den Eindruck, den er mir dabei gemacht, mit seinem schönen Rufe zusammenstelle, so geb' ich der Hoffnung Raum, dass Sie sich Glück zu dieser Acquisizion wünschen werden. Wenn Sie verehrter Bischof dann dem V. bei der Einsegnung zum neuen Amte seine Ordinazion und Amts-Facultäten aus episcopaler Machtvollkommenheit feyerlich bestätigen, so sollt' ich meinen, dass auch der stocksteifeste Anglicaner verstummen wird, er sei denn vom Hunde des Puseysmus gebissen.

Ich hoffe, dass V. mir bald nach seiner Ankunft in Jerusalem schreiben wird. Geben Sie ihm dann, ich bitte Aufträge an mich, namentlich über die Lage der Dinge in den alten Kirchen des Heil. Landes und über die Hoffnung der Evangelisirung der ächt Gläubigen aus denselben, besonders aber auch über den Fortgang der Verhältnisse Ihres alten königlichen Freundes von Abissynien und seiner Kirche zur Ihrigen.

Meine Gebete und heissen Wünsche sind stets mit Ihnen verehrtester Bischof und der geliebten Kirche von Jerusalem. Die Königin grüsst Sie herzlich und sagt Ihrer Frau Gemahlin den aufrichtigen Dank für die hübschen und merkwürdigen Gegenstände, welche sie ihr durch Pastor Fliedner übersandt hat und die meiner Frau die grösste Freude gemacht haben.

Der Segen und das Gedeyen, welches der HErr allein geben kann, möge Alle Ihr Walten, Thun und Lassen bezeichnen, auch insbesondere Ihr Verhältniss zu V.!

Ich empfehle mich aufrichtig Ihrem Gebet und Segen

Veehrtester Bischof

als Ihr

treu ergebener

Friedrich Wilhelm Rex.

Bischof Gobat an König Friedrich Wilhelm IV. von Preussen.

Jerusalem 29. Dec. 1851.

Euer Majestät gnädiges Schreiben vom 23. July ist mir ein goldener Apfel in einer silbernen Schale gewesen. Überbringer desselben, der theure L. war mir seit Jahren, zum Theil persönlich, zum Theil durch seine Schriften bekannt, und die kurze Zeit, die er als Kranker unter unserm Dache zugebracht hat, ist mir und den Meinen zum Segen und Freude gewesen. Er hat auch zweimal in unserer Christus - Kirche den deutschen Gottesdienst gehalten zu unserer aller Erbauung. Er verliess Jerusalem noch sehr schwach am 7. d., aber ich habe Nachricht, dass er gestärkt in Beyrout angekommen und sich daselbst nach Egypten eingeschifft hat. Gott geleite ihn und führe ihn wohlbehalten und an Leib und Seele gestärkt in seine Heimath! Ich wollte ihm diesen Brief nachsenden, aber die Unzuverlässigkeit der Post zwischen hier und Egypten bewegt mich, denselben lieber sicher über London gehen zu lassen.

Eurer Majestät fordern mich auf zu schreiben. Da ich aber erst zu Anfang dieses Monats einen ausführlichen Bericht über die jetzige Lage der Dinge in diesem Land in Verbindung mit dem Bisthum habe an H. v. Bunsen abgehen lassen und ich nicht zweifle, dass er Euer Majestät das, was Interesse haben mag, aus demselben mittheilen wird, so habe ich weiter nichts dieser Art mitzutheilen, als 'dass die Christen von Salt jenseits des Jordans mir wiederum einen Scheich zugeschickt haben um mich zu bitten, sie in meine Pflege zu nehmen. Sie wollen nicht mehr in Verbindung mit der griechischen Geistlichkeit bleiben, die nicht nur nichts zu ihrer Belehrung und Besserung thut, sondern die Schule die ich ihren Kindern geöffnet hatte, zerstört hat. Es sind ihrer etwa 1100 Christen in Salt, und etwas weiter giebt es auch noch kleine Häuflein, die ihrer Wildheit und Unwissenheit gänzlich überlassen sind und die auch schon mehreremal um Abhülfe bei mir angehalten haben. Die armen Leute dauern mich. Sie sind sich ihrer Unwissenheit und Hilflosigkeit bewusst, was ihnen aber ehit wissen sie nicht, nur eine dunkle Ahnung, dass die Hauptsache die ihnen fehlt sei: das Wort Gottes und die Mittel (Lesen) um es zu benutzen. Ich sollte einen Gützlaff oder einen Krapf haben dorthin zu senden, und mit der Hilfe Gottes würden sie Wunder thun. Mittelmässige Missionare könnten nichts ausrichten. Eure Majestät bemerken „dass durch das angeregte Leben in den alten Kirchen Papst und Kaiser in die Schranken gerufen werden, oder beide agiren wohl schon jetzt." Nun, ob so hochgestellte Personen es für der Mühe werth halten werden auf das Werk, das mit in jeder Hinsicht grosser Schwachheit unter dem armen Volke dieses Landes im Vertrauen auf den HErrn getrieben wird, herabzusehen, weiss ich nicht; aber der Geist, der die Instituzionen beseelt, deren Häupter sie sind, ist allerdings schon sehr thätig; ich kann noch nicht sagen gegen mich persönlich; aber gegen das gute Werk, das ich im Glauben durch das Mittel des Wortes Gottes zu fördern suche. Denn wenn gleich die griechische Geistlichkeit von hier nach Nallous schreibt um die armen Leute daselbst vor dem Wolf zu warnen, der durch Unterricht ihrer Kinder nach dem Worte Gottes sie ihrer heiligen Tradizion und Kirche entfremdet, so muss sie doch, wenn von den einfältigen Leuten gefragt, antworten, dass sie nichts Böses von mir zu sagen wissen.

Der römisch katholische Patriarch, der vor einigen Tagen von Europa zurückgekehrt ist, und die Mönche des Klosters haben zu heisse Streitigkeiten über Mein und Dein, als dass sie jetzt viel an mich denken könnten; später aber wird es wohl an einem ernsten Kampf nicht fehlen. Und da stehe ich allerdings äusserlich auf sehr schwachen Füssen, denn der im allgemeinen wohlmeinende, aber etwas ungeschickte englische Consul ist mir nicht von grosser Hilfe. Der wackere aufrichtige Col. Rose ist nicht mehr in Beyrout und, wie es Euer Majestät bekannt sein wird, der arme Dr. Schulz ist vor einem Monat gestorben. (In grosser Schüchternheit, weil ich mich nie gern in dergleichen Sachen mische, nehme ich mir hier die Freiheit zu bemerken, dass in Ermanglung eines entschieden christlich und fromm gesinnten Mannes, Weber, jetzt Gen. Cons. Verweser in Beyrout der beste

Nachfolger des Schulz sein möchte. Er ist fähig und allgemein beliebt).

Es sei aber so, vor jenen mächtigen offenbaren Gegnern fürchte ich mich nicht, sondern fühle Freudigkeit zum Kampf, denn im tiefen Gefühl meiner Schwachheit und Untüchtigkeit glaube ich fest das wie Eure Majestät sagen: „Der über beide herrscht wird mit mir sein."

Viel schmerzlicher ist mir das Benehmen gewisser Protestanten die Jerusalem besuchen und den offenen Gegnern in die Hände arbeiten. Ich bitte um Nachsicht, wenn ich hier einen solchen Fall besonders zu erwähnen wage. Es betrifft Fürst und Fürstin N. N. von Breslau.

In den Hauptinhalt des Briefes Euer Majestät wage ich es kaum mich einzulassen, weil ich zu wenig mit dem Gegenstand vertraut bin. Meine Thätigkeit ist bisher zu sehr das Evangelisiren unwissender Leute gewesen, als dass ich dadurch zum besonderen Studium des Rituals und der Liturgie angewiesen worden wäre, zumal weil ich glaube, dass die Liturgie ihrem Inhalte nach nicht nur schriftmässig, sondern auch für wahrhaft lebendige Christen eingerichtet sein soll, während ihre Form, das Ritual, wechseln sollte, je nach dem Grad und der Beschaffenheit der Kultur des Volkes, für das die Liturgie gemacht wird.

Mein Gedanke, wenn Gemeinden von wahren Christen in diesem Lande sich bilden, ihnen die von Irrthümern gereinigte griechische Liturgie zum Gebrauch zu geben, ist einfach aus meiner persönlichen Erfahrung entstanden. Ich bin nämlich nicht nur in der reformirten Kirche der Schweitz aufgewachsen, sondern ich habe auch in ihr die Wahrheit, den HErrn und das Leben gefunden. Ich kannte keine andere Liturgie als die jener Kirche, die mager genug ist, und ich erbaute mich aus derselben, sobald ich Leben hatte, im kindlichen Glauben. Jetzt sind es bald 30 Jahre, seitdem ich die Schweitz verliess und in der Zeit habe ich mehrere Liturgien kennen gelernt und gebraucht, welche mein Verstand unbedingt für besser erklärt als jene meiner Jugend, und doch so oft ich eine Kirche besuche, wo jene Liturgie im Gebrauch ist, finde ich mehr Erbauung und Nahrung für meinen inwendigen Menschen in ihr als in irgend einer anderen. Daher dachte ich: man muss den Leuten dieses Landes alles das Gute lassen, und wo möglich in derselben Form, wie sie es von Jugend an gewohnt gewesen sind. — Aber bei der feindseligen Wachsamkeit der englischen Tractarians und ultra high Churchmen kann ich einstweilen diesen Plan nicht einmal in Anwendung bringen, ich müsste dazu besonders bei der H. Abendmahls-Liturgie einen oder mehrere Priester haben, die in einer der alten Kirchen oder in der griechisch-katholischen ordinirt worden sind, und dazu habe ich noch wenig Hoffnung. Und wenn ich auch solche Priester hätte, wie die griechischen, die Syrer etc. jetzt sind, so könnte ich doch von 20 kaum Einen für brauchbar anerkennen. Sie können kaum sehr schlecht lesen, durchaus nichts zur Erbauung thun. Für jetzt muss man sich der Missionarien oder der englischen Geistlichen bedienen, die bekanntlich an den Gebrauch der anglikanischen Liturgie gebunden sind. Die Leute aber werden belehrt, dass dies nur eine Abhilfe ist für eine kürzere oder längere Zeit, bis der HErr es fügt, dass man alles anders gestalten kann. Ich merke aber, dass die arabischen Christen die übersetzte englische Liturgie nicht ungern haben.

Was die Eucharistie betrifft, so war seit Jahren meine Ansicht darüber wesentlich die des Irenäus, dem auch Justin Martyr beistimmt, nämlich dass die Eucharistie schon sehr früh ein Opfer genannt wurde, das Gott dem HErrn dargebracht wird; dabei aber konnte ich nie annehmen, dass es in der christlichen Kirche, nach dem Versühnopfer Christi, einmal geschehen, irgend ein allgemeines Opfer der Christen giebt, ausser das geistige Opfer des Dankes, und da alle lebendigen Glieder des Leibes Christi, alle wahren Christen, gleichen Zugang zum Gnadenstuhl Gottes haben, d. h. Priester Gottes sind, so folgt, dass das Opfer solcher Art sein muss, dass sie es alle gleich darbringen können, das ist, rein geistlich. Die Gaben, die beim Offertorium dargebracht wurden für die Armen, für die Diener der Kirche und besonders die Elemente von Brod und Wein für die zu begehrende Communion

waren schöne Aeusserungen des Dankes, konnten wohl auch als
ein Theil des Opfers betrachtet worden, aber nicht wesentlich,
weil nicht rein geistig und Vielen unmöglich. Die Praxis der
griechischen und römischen Kirche, gegründet auf die Ansicht,
dass das Sacrament eine wirksame Wiederholung des Einen Versöhn-Opfers sei, schoint mir ein missrathenes Theaterstück zu sein.
Und ich wollte lieber jeden Gedanken an ein Opfer beim h. Sacrament fahren lassen, als einer so leb- und geistlosen Ansicht
beizustimmen. Bei der Ansicht des Irenaeus scheint mir das h.
Nachtmahl ein freies Gnadengeschenk Gottes an uns zu bleiben,
wie es aus der Einsetzung so klar hervorgeht, und dies im innig-
sten Zusammenhang mit dem von seinem Priester-Volk Ihm dar-
gebrachten geistigen Opfer. Dieses Dankopfer, wenn es rein sein
soll, schliesst die Aufopferung, die Hingabe unserer selbst an Gott
in sich, welche ist „unser vernünftiger Gottesdienst", und darin
liegt die Bedingung einer wahrhaft christlichen Communion. Es
wird hier in einem besonderen Sinn und auch collective für eine
Gemeine wahr, was zu anderen Zeiten in Beziehung auf das Indi-
viduum auch gesagt werden kann: nämlich, wenn wir uns Gott
ganz hingeben, so giebt er sich auch uns; das heisst in anderen
Worten: „Wer Dank opfert, der preiset mich, und das ist der
Weg, dass Ich ihm zeige das Heil Gottes."
      Und nun, wenn ich Eure Majestät richtig verstanden habe,
in der Zergliederung des Irenaeischen Berichtes, so kann ich auf
höchst Ihre Frage, „ob meine Ueberzeugungen es mir gestatten,
bei Evangelisirung der oriental. Liturgien, den Irenaeus in der
Hand, diese Wiederherstellung des Ur-Ritus vorzunehmen", mit
freudigem J a antworten, in der Hoffnung, dass während die Eucharistie, das Dankopfer, als wesentlicher Theil des Communion-
Amtes, dem Volke klar gemacht wird als das einzige Opfer, das
das Volk des HErrn seinem Gott darbringen kann, jeden Gedanken
an ein Versöhn-Opfer oder eine Genugthuung im Sacrament zu
entfernen. Das h. Nachtmahl ist ja und soll sein ein Gnaden-
Mittel, nicht ein Gnaden-Grund.
      Uebrigens, wie bereits gesagt, kann ich einstweilen keinen

practischen Gebrauch von dieser Ansicht machen. Das positiv
Schlechte und Irrthümliche in der griechischen Liturgie kann ich
schon mit Hilfe des Mannes, der bereits so etwas für sich angefangen hat, entfernen, und bei der ersten Gelegenheit die so be-
schnittene griechische Liturgie gebrauchen lassen. Aber bei meiner
geringen Kenntniss des Liturgie-Wesens würde ich es kaum wagen,
etwas Neues oder, was beinahe dasselbe ist, eine gründliche Re-
formation in dieser Sache zu unternehmen, ohne die Hilfe eines
oder mehrerer competenten Männer. Und hier können mir die
Engländer nicht helfen, denn entweder ist jede Liturgie ihnen
etwas Gleichgiltiges oder sie verehren ihre matchless Liturgy so
sehr, dass sie unfähig sind, irgend etwas anderes zu würdigen.
Zur rechten Zeit wird Gott gewiss helfen.

Und nun bitte ich E. M. mir sowohl die Länge als das Ungenügende dieses Briefes zu verzeihen. Und beim Wechsel des
Jahres die herzlichsten Wünsche für das zeitliche und ewige Wohl
E. M. und I. M. der Königin und Höchst Dero ganzes Reiches
gnädigst anzunehmen von E. M. unterthänigst gehorsamstem Diener

S. A. H.

Gobat an den Erzbischof von Canterburg. (Aus dem
Englischen.

26 Devonshire Terrace, Cravon Hill
London 21. Juni 1856.
Mein theurer Lord Erzbischof!

Nachdem ich die wichtige Mittheilung, deren ich an jenem
Abend gedacht, von Dr. Hoffmann, einem der Hofprediger Sr.
Majestät des Königs von Preussen, auf dessen Befehl er geschrie-
ben, erhalten habe, so erlaube ich mir den Inhalt jenes Briefes
Ihrer Gnaden vorzulegen und Sie über diesen delikaten Gegen-
stand um Rath zu fragen. Der Brief lautet also:

„Bekanntlich wünscht der König eine Episcopal-Verfassung
in Preussen einzuführen, wozu er vollkommen berechtigt ist. Er
möchte die gute Gelegenheit Ihrer Gegenwart (in Berlin) als des

einzigen jetzt lebenden preussischen Bischofs dazu benutzen, um einigen Männern die Bischofsweihe ertheilen zu lassen, in der Absicht, nachher die Quelle für weitere Consecrationen im Lande zu haben. Und da zu einer kanonisch giltigen Consecration drei Bischöfe nöthig sind, so beabsichtigt der König, sich die Assistenz zweier Bischöfe der Mährischen Kirche (Brüdergemeinde) zu erbitten." Hierauf stellt Herr Hoffmann folgende erste Frage und bittet mich sie zu beantworten, nämlich: .

„Wird ein auf diese Weise von Ihnen und zwei Mährischen Bischöfen consecrirter Bischof in England und Amerika vollkommen als solcher anerkannt werden? Herr Hoffmann fährt alsdann fort; „Allein die Lehre unserer (preussischen) Kirche ist entschieden gegen die römische Ansicht von drei Amtsstufen. Wir wissen nur von zwei Amtsstufen (ordines) (Diakonen und Presbyter) und der Bischof ist nur ein Presbyter, aber — er ist primus inter pares pres-byteres. Aus diesem Grunde soll nicht eine Ordination zum Bischof mit Handauflegung stattfinden, sondern nur eine Con-secration mittelst des Zeichens des Kreuzes und Darreichung der rechten Hand zum Zeichen der Gemeinschaft". Nun kommt die andere Frage:

„Kann und darf ein englischer Bischof so consecriren, dass er jeden Schein von Ordination vermeidet, und ohne irgend-welchen bestimmten oder unbestimmten Schein von apostolischer Succession?"

Wir müssen daran denken, dass der Plan des Königs eine ungeheure Sensation erregen wird, sobald derselbe ausgeführt ist. Der König gedenkt ihn auszuführen, wenn Sie kommen. Es muss Ihnen daher klar sein, was zu geschehen hat. Ich sehe voraus, wie schwierig dieser Fall sein· wird, und darum schreibe ich Ihnen zuvor, damit Sie Zeit und Gelegenheit haben, das Gutachten des lieben Hauptes der Kirche von England einzuholen. Auch wünsche ich ohne Verzug ihren Entschluss und ihre Antwort über diesen Gegenstand zu kennen, damit ich es dem Könige vor ihrer Ankunft mittheilen kann, um dadurch die Aufregung unangenehmer Gefühle im Auslande zu vermeiden. Wir müssen bedenken, dass der Schritt,

den der König zu thun wünscht, im Allgemeinen hier mit Wider-
willen als ein Schritt zur römischen Kirche hin angesehen wird,
dass der Oberkirchenrath, die Consistorien und die Pfarrer dagegen
sind. Der HErr wolle sie in Gnaden leiten! Ich habe bereits
meinen Zweifel ausgesprochen und die Entscheidung hängt nun von
Ihrer Antwort ab".

„Nun bitte ich, überlegen Sie die Sache vor dem HErrn und
senden Sie mir eine klare und unzweideutige Antwort, und sollte
es auch ein entschiedenes Nein sein, dass ich es meinem gnädigen
Herrn mittheilen kann . . . . ."

gez. W. Hoffmann.

„Nun, mein theurer Lord Erzbischof, ich möchte dem guten
Könige von Preussen ausserordentlich gern einen Gefallen thun,
allein es scheint mir unmöglich seinem dermaligen Begehren zu
entsprechen; und überdiess glaube ich, dass im gegenwärtigen
Augenblick selbst eine solche Consecration, wie er sie wünscht, in
Preussen nicht willkommen sein würde. Aber doch fürchte ich
den obigen Brief in irgend einer Weise zu beantworten ohne Ew.
Gnaden Meinung und Rath. Ich habe Ihnen darum den ganzen
Fall vorgelegt mit der gehorsamen Bitte mir nöthigen Rath und
Anweisung geben zu wollen.

Mir scheint, wenn es des Königs ernstlicher Wunsch ist, die
bischöfliche Verfassung während seiner Regierung in Preussen einzuführen, so würde er am besten thun, das Beispiel der vereinigten
Staaten zu befolgen und drei oder mehrere Männer aus Preussen
nach England zu senden, um hier die Weihe zu empfangen. Indess
Ew. Gnaden sind viel besser im Stande den besten Rath zu geben,
um den ich Sie dringend ersuche und in dessen Erwartung ich
die Ehre habe zu verbleiben mein theurer Lord Erzbischof

Ew. Gnaden
gehorsamer Diener

(gez.) S. Angl. Hierosol.

Die Antwort des Erzbischofs von Canterbury auf die durch
Herrn Gobat vermittelte Anfrage des Herrn Hoffmann ist uns leider
nicht zugänglich geworden, doch haben wir Grund anzunehmen,
dass dieselbe positiv ablehnend gelautet hat. Dabei möchten wir
unsererseits nicht unbemerkt lassen, dass zwar, wie dies das Beispiel von Schweden und Dänemark erwiesen hat, die lutherische
Kirche die bischöfliche Verfassung, allerdings mit gewissen Modi-
fikationen, acceptiren und ertragen kann, dass aber der Calvinis-
mus den directen Gegensatz derselben repräsentirt und fordert
und dass demgemäss auch die Kirche der Union kaum im Stande
sein würde, sich mit einer solchen Umwandlung zu befreunden.
Damit soll natürlich nicht gesagt sein, dass der König sich der
Schwierigkeiten dieser Metamorphose nicht voll bewusst gewesen
sei, doch hoffte er dieselben zu überwinden.

Druck von Wilhelm Issleib (Gustav Schuhr), Berlin SW. 48. Wilhelmstr. 124.